Raumbezogene Informationssysteme in der Anwendung

D1692738

Verlag Irene Kuron
Bonn

Material zur Angewandten Geographie, Band 23

Peter Moll (Hrsg.)

Raumbezogene Informationssysteme in der Anwendung

herausgegeben im Auftrag des
Deutschen Verbandes für Angewandte Geographie e.V.

 Bonn 1995

Die Deutsche Bibliothek – CIP-Einheitsaufnahme

Raumbezogene Informationssysteme in der Anwendung / Peter Moll (Hrsg.). im Auftr. des Deutschen Verbandes für Angewandte Geographie e.V. – Bonn : Kuron, 1995
(Material zur angewandten Geographie ; Bd. 23)
ISBN 3-923623-15-1

NE: Moll, Peter [Hrsg.]; GT

Herausgegeben von Peter Moll
im Auftrag des Deutschen Verbandes für Angewandte Geographie e.V. (DVAG), Bonn.

Verantwortlich für Inhalt, Abbildungen und Tabellen sind die Verfasser der Beiträge.

Printed in Germany

Druck: Druckerei Schwarzbold, Inh. Martin Roesberg, Witterschlick b. Bonn

Verlagsanschrift: Verlag Irene Kuron, Lessingstraße 38, 53113 Bonn

Vorwort

Die Regionale Arbeitsgruppe Saar-Mosel-Pfalz im Deutschen Verband für Angewandte Geographie e.V. (DVAG) führte am 4. Dezember 1992 in Saarbrücken eine Fachtagung durch, die sich mit Fragen der Anwendung von GeoInformationsSystemen (GIS) befaßte. Teilnehmer aus Rheinland-Pfalz, dem Saarland und aus Lothringen diskutierten auf der Grundlage von Referaten mehrerer Anwender die Erfahrungen beim Einsatz verschiedener auf dem Markt befindlicher Systeme.

In diesem Band werden die Referate in überarbeiteter und z.T. aktualisierter Form veröffentlicht und damit einem größeren Kreis von Interessenten zugänglich gemacht. Die Beiträge von Ried, Lamprecht und Schmidt/Licht wurden zusätzlich aufgenommen. Die Ergebnisse der Tagung einschließlich der ergänzenden Beiträge wurden von Herrn Dr. Bruno Aust zusammengetragen.

Aus den vielfältigen Erfahrungen, die Nutzer und Anwender im Einsatzfeld von GeoInformationsSystemen schon gemacht haben, kann im Rahmen dieser Veröffentlichung nur ein Ausschnitt geboten werden. Es besteht nicht das Ziel, einen repräsentativen Überblick zu geben, sondern eine Auswahl vorzustellen, die so vielfältig wie möglich ist, indem aus vielen verschiedenen Anwendungsbereichen (Landes- und Regionalplanung, Bauleitplanung, überörtlicher und örtlicher Fachplanung) berichtet wird.

Allen an der Tagung und an diesem Band Beteiligten ist für ihre Mitwirkung zu danken, insbesondere Herrn Dipl.-Geogr. Gerd Litzenburger, Industrie- und Handelskammer des Saarlandes (Saarbrücken), der die Tagung initiiert hat, Frau Heike Bodinet, Saarlouis, der die schreibtechnische Erfassung oblag, sowie der Saar Ferngas AG für einen freundliche gewährten Druckkostenzuschuß.

Prof. Dr. Peter Moll

(Herausgeber)

Saarbrücken, im Juli 1994

Inhalt

Raumbezogene Informationssysteme in der Anwendung - ein aktuelles Thema für Verwaltung und Forschung

Peter Moll

Der Einsatz der elektronischen Datenverarbeitung in den Verwaltungen auf kommunaler wie auf staatlicher Ebene, bei privaten Planungsbüros und in der angewandt tätigen Forschung weitet sich zunehmend auf komplexe Informationssysteme aus und dabei auch auf Systeme mit Raumbezug, d.h. auf die Lokalisierung von Daten auf Karten. Die in den Karten verorteten Daten sind mit Sachinformationen verbunden, die in Listen- oder anderer Textform digital geführt werden. Die digital erstellte Karte ist zwar noch nicht das Übliche geworden, aber ihr Anteil an den thematischen Karten nimmt ständig zu. Dies wird insbesondere dann deutlich, wenn nicht die Zahl der ausgedruckten Karten, sondern der überhaupt vorbereiteten (dazu zählen auch die gespeicherten) Karten zugrundegelegt wird. Die auf dem Bildschirm sichtbar zu machenden Karten sind unschätzbar zahlreich. Die "papierlose" Karte ist das adäquate Arbeitsergebnis des "papierlosen" Büros.

In der Einschätzung der GeoInformationssysteme (GIS) ist MORGEN-STERN (1992) zu folgen, der hierzu sagt: Ihre "Vorteile ... mit ihrer Möglichkeit, von der Qualität und dem Umfang her unterschiedliche raumrelevante Daten in sich verknüpfbar und kombinierbar zu organisieren, (ist) unbestritten. Die digitalen Informationen über den Raum gewinnen an Bedeutung. Der Bedarf an GIS ist um so größer, je intensiver die Planungstätigkeit ist und je komplexer und widersprüchlicher die in den Entscheidungsprozeß einzubeziehenden Fakten und Zielvorgaben sind. In diesem Zusammenhang findet auch für die Kartographie ein starker Umbruch statt... Heute gewinnen die digitalen Geo-Informationen an Bedeutung... Eine Veränderung ist sowohl bezüglich der Anforderungen der Anwender als auch der Herstellungs- und Produktionsverfahren festzustellen:

- Der Anwender fordert die inhaltlich individuelle und auf seine Arbeit zugeschnittene Ausgabe raumbezogener Informationen.
- An die Stelle der gedruckten Karte tritt in zunehmendem Maß das *geprintete* oder *geplottete* Exemplar sowie die Bildschirmdarstellung,
- Die Weitergabe des Karteninhalts als digitaler Kartenbestand hat für Fachinformationssysteme Bedeutung erlangt und neue Anwendergruppen erschlossen.
- Der Benutzer will die digitale Raumbezugsbasis mit den unterschiedlichsten gesellschaftsrelevanten Informationen verknüpft wissen ...

Raumbezogene Informationssysteme in der Anwendung
hrsg. im Auftrag des Deutschen Verbandes für Angewandte Geographie von Peter Moll
in Material zur Angewandten Geographie (MAG), Band 23, Bonn 1995   9

- Das breite Angebot an GIS-Technik hat sich als Motor der planerischen, politischen und verwaltungstechnischen Anwendungen erwiesen. In ihnen können raumbezogene Informationen nicht nur schnell und sachbezogen verknüpft werden, sondern führen auf ein höheres Niveau raumbedeutsamer Zusammenhänge. Dies wird mittelfristig dazu führen, daß gesellschaftsrelevante Entscheidungen wesentlich durch verknüpfte Geo-Informationen bestimmt werden" (Morgenstern, Dieter, 1992, S. 93).

Die Beiträge in diesem Band befassen sich nicht so sehr mit der Frage des "Wie", sondern mehr mit der Frage des "Wozu", also nicht *wie* die gegenwärtig auf dem Markt befindlichen technischen Systeme arbeiten, sondern *mit welcher Zielsetzung* sie dies tun, auf welche Aufgabenstellung hin sie eingesetzt werden.

Aus der Sicht der Anwender ist von besonderem Interesse, welche Vorteile der Einsatz von Rauminformationssystemen bringt
- bei der Bewältigung täglicher Aufgaben,
- bei der Gewinnung neuer Erkenntnisse über räumliche Strukturen und Entwicklungsprozesse,
- bei der Nutzbarmachung älterer, analog gewonnener Daten u.a.m.

Die von einem Rauminformationssystem zu lösenden elementaren Aufgaben sind grundsätzlich folgende (nach MAGUIRE, 1991):
- Standortbestimmung: Was gibt es an welcher Stelle?
- Beschaffenheit: Was sagt das lokalisierte Phänomen aus?
- Entwicklung: Wie hat sich das Phänomen / der Standort verändert?
- Erreichbarkeit: Wie ist der Standort am besten zu erreichen?
- Vergleichbarkeit: Welche Korrelationen bestehen zwischen den einzelnen Phänomenen / Standorten?
- Simulation: Was geschieht, wenn ... an welchem Standort ... ?

Da praktisch alle Anwender nicht mit dem Forschungsbereich Informatik bekannt sind und zum größten Teil nicht fachkundig genug sind, mit den üblich gewordenen oder allmählich in das Allgemeinwissen übergehenden Fachbegriffen inhaltlich das Richtige zu verbinden, mag es angebracht sein, etwas näher auf den Begriff "Informationssystem" einzugehen (siehe hierzu und zu folgendem: ARL 1992, S. 88,118 ff.). Man kann sagen, daß er sich in den allgemeinen Sprachgebrauch bereits eingebürgert hat. Mit diesem Begriff werden systematisch angelegte Datensammlungen bezeichnet. Sehr viel enger versteht die Informatik unter einem Informationssystem ein computergestütztes System zur Bereitstellung von Informationen, das sich auf mindestens drei Komponenten stützt: eine Datenbasis, Datenverwaltungsprogramme und Methodenprogramme. Die Methodenprogramme sollen die Daten der Datenbasis zu Informationen verbinden und komprimieren. Die Information wird als eine das Wissen verändernde Wirkung aufgefaßt.

Ein Informationssystem für die *räumliche* Planung benötigt darüber hinaus ein räumliches Bezugssystem, mit dessen Hilfe Datenelemente geographischen Raumeinheiten zugeordnet werden können. Raumbezogene Informationssysteme im engeren Sinne sind bisher nur vereinzelt oder in Teilen realisiert, so z.b. im kommunalen Bereich bei der Stadt München und dem Umlandverband Frankfurt; in der Landes- und Regionalplanung hingegen überwiegen die an die statistischen Datenbanken der Länder angelehnten Systeme.

Wenn hier von GeoInformationsSystemen die Rede ist, so nicht in dem einschränkenden Sprachgebrauch der Informatik, sondern in dem eher umgangssprachlichen Sinne. Daher finden hier analoge Kataster als Informationsquelle ebenso ihren Platz wie auch digitale Datenbestände. Die sehr stark ausgeprägte räumliche Komponente (das räumliche Bezugssystem) in der Datenbasis und in den Werkzeugen unterscheidet das raumbezogene Informationssystem von einem allgemeinen Informationssystem, etwa für Anwendungen in einem Industrie- oder Handelsbetrieb ("Werkssysteme"). Die Objekte oder Bezugseinheiten im System sind auf der Erdoberfläche verteilt und mit Angaben über den Ort in zwei oder drei Dimensionen versehen. Beim GIS handelt es sich also um ein System für räumlich verteilte Informationen. Es finden sich unterschiedliche Bezeichnungen, die sich meistens am jeweiligen Verwendungszweck orientieren (z.B. LIS für Landschaftsinformationssystem, UMPLIS für Umweltplanungsinformationssystem, BIS für Bodeninformationssystem u.ä.).

Es wäre nicht sinnvoll, die in dem Informationssystem enthaltenen Informationen über die räumliche Verteilung manuell in Karten umzusetzen. Die wirtschaftlichen Vorteile des Informationssystems würden durch die zeit- und personalaufwendige Kartenzeichnung wieder neutralisiert. Insbesondere bei Fortführungsarbeiten zeigt sich die wirtschaftliche Überlegenheit des GIS. Deshalb sind in jedem System Bausteine für die rechnergestützte Zeichnung von Karten enthalten. Dem Benutzer des Informationssystems steht mit der graphischen Datenverarbeitung ein Werkzeug zur Verfügung, das ihm schnell und kostengünstig eine zweidimensionale Darstellung der räumlichen Verteilung der erfaßten Sachverhalte liefert. Allerdings erfordert der Einsatz der elektronischen Datenverarbeitung (EDV) einen hohen Zeitaufwand bei der Erstvorbereitung eines Projekts.

Die EDV ist ein Rationalisierungsinstrument, das die Kosten der Herstellung eines Produkts oder einer Dienstleistung senken soll. Wie in der industriellen Fertigung wird der Personalkosten-Anteil durch kapitalintensive

Anwendung von Maschinen verringert. Für den wirtschaftlichen Einsatz der EDV sollten folgende Voraussetzungen gegeben sein:
- häufig wiederkehrende, fast gleiche Arbeitsvorgänge,
- hoher Rechenaufwand,
- häufiger Zugriff auf eine große Menge von Informationen.

Der Rechenaufwand für die Kartenzeichnung reicht von einfachen arithmetischen Operationen - z.B. der Berechnung von Anteilen - über analytische und geometrische Rechenvorgänge - etwa der Schraffierung von Flächen - bis zu komplizierten Algorithmen wie der Auslöschung verdeckter Flächen oder dem geometrischen Verschnitt von Netzwerken. Für die rechnergestützte Zeichnung von Karten wird häufig auf gespeicherte Informationen zurückgegriffen, und zwar sowohl auf geometrische Grundlagen, wie Flächennetzwerke, als auch auf Sachinformationen. Die wesentlichen Vorteile der digital erstellten Karte gegenüber der handwerklich (analog) angefertigten Karte liegen zum einen in der Erzeugbarkeit von Kartenausschnitten in unterschiedlichen Maßstäben, in jeder beliebigen inhaltlichen Kombination und zu jedem beliebigen Bearbeitungszeitpunkt (wichtig bei iterativen Beteiligungsgängen), zum anderen im schnellen Nachvollzug von durchgeführten Änderungen samt Änderungsdokumentation (ARL 1992, S. 188, 237.)

Es erscheint zweckmäßig, in diesem Zusammenhang auch kurz die CAD-Technik (*Computer Aided Design* - rechnergestützte zeichnerische Darstellungstechniken -)anzusprechen. Die Vergleichsübersicht auf Seite 7 soll die Unterschiede zwischen CAD und GIS charakterisieren.

Die eigentlichen Vorzüge von CAD, wie die präzise zeichnerische Darstellung von Sachverhalten, sind im Bereich der räumlichen Planung weniger gefragt. CAD kommt mehr bei der Planung von Einzelprojekten zum Einsatz, wo es in hohem Maße um Detailschärfe geht (HELLER und LANGE, 1993).

Neben der erforderlichen Hard- und Software ist auch eine problemadäquate *Brainware* notwendig. Damit ist die Fähigkeit auf EDV-Seite gemeint, die Hard- und Software im Sinne der angestrebten Problemlösung unterstützend in den Problemlösungsprozeß einzubringen. Oft wird es nämlich nicht genügen, die Problemlösung nur als Standardpaket an der vorhandenen Hard- und Software auszurichten (ARL 1992, S. 237).

An den Universitäten ist außerhalb der Informatik-Fachbereiche anwendungsorientierte Forschung und Lehre im Bereich der GeoInformationssysteme üblich. Der Fachbereich *Computergestütztes Entwerfen und Konstruieren in Raumplanung und Architektur* an der Universität Kaiserslautern verfügte Ende 1992 über sechs ARC-INFO-Arbeitsplätze, die Fachrichtung *Geographie* an der Universität des Saarlandes über zwei; 1993 sind weitere sieben hinzugekommen. Auch an der Universität Trier war in der Fachrichtung *Geographie* die Einrichtung von ARC-INFO-Arbeitsplätzen und einer HP WS 400T (Unix) vorgesehen (Stand Ende 1992). Somit ist die Ausbildung raumbezogen arbeitender Fachleute in GIS längst im Gange.

Unterschiede zwischen Computer Aided Design und GeoInformations-System

Computer Aided Design	Geoinformationssystem
Allgemein:	
• graphische Bezüge (nicht notwendigerweise tatsächliche Lage)	• geographische Bezüge (tatsächliche Lage auf der Erdoberfläche)
• technische Genauigkeit	• geographische Genauigkeit
• keine Verbindung zwischen Objekten (nicht topologisches Datenmodell)	• Verbindung zwischen Objekten (topologisches Datenmodell)
• nur graphische Überlagerung	• graphische Überlagerung, aber auch Datenverschneidung
CAD-Datenbank:	GIS-Datenbank:
• geometrische Koordinaten und graphische Eigenschaften	• geographische Koordination verbunden mit den Attributdaten der geographischen Objekte
	• meist in relationalen Datenbanken
	• Verknüpfung mit weiteren Tabellen
	• Selektionsfunktionen
	• sowohl graphische Manipulation als auch Datenanalyse zur Erzeugung neuer Informationen

Auch in der Landesverwaltung ist das Bild ermutigend. Im Bereich der saarländischen Landesregierung ist ein System (und zwar beim Umweltministerium/Landesamt für Umweltschutz[1]) installiert. Die Landesregierung von Rheinland-Pfalz unterhält sowohl bei der obersten (in Mainz) als auch

---

[1] Vgl. den Beitrag "Die Anwendung im Bereich der Bodenforschung" in diesem Band.

bei den drei oberen Landesplanungsbehörden (in Koblenz, Trier und Neu-stadt/Weinstraße) entsprechende Anlagen. Auf kommunaler Ebene bestehen, soweit bekannt, noch keine eigenen Anlagen, aber es gibt zahlreiche Koope-rationsverträge mit EDV-Unternehmen, die als verlängerte Werkbänke für Kreise und Gemeinden tätig sind.

Literatur

ARL (Hrsg.): Aufgabe und Gestaltung von Planungskarten. Forschungs- und Sitzungsberichte Bd. 185, Hannover 1982.

Fischer, K.: Grafische Datenverarbeitung in der planenden Verwaltung. In: Die öffentliche Verwaltung 2/1985, S. 78 ff.

Göpfert, W.: Raumbezogene Informationssysteme. Karlsruhe 1991.

Hake, Günter: Gedanken zu Form und Inhalt heutiger Karten. In: Kartogra-phische Nachrichten, H. 4/1988.

Maguire, D. J.: An overview and definition of GIS. In: Maguire, D. J., Good-child, M. F. und Rhind, D. W.: Geographical Information Systems: Principles and Applications. Longman, London 1991. Bd. 1, S. 9 ff.

Morgenstern, Dieter: Technische Aspekte von GIS in den 90er Jahren. Wiss. Arbeiten der Fachrichtung Vermessungswesen der Universität Hanno-ver, Nr. 180 (Festschrift für Günter Hake). Hannover 1992, S. 93-100.

Rase, W.-D.: Wirtschaftliche und technische Grundlagen der rechnergestütz-ten Herstellung von Planungskarten. In: Karten und Pläne im Planungs-prozeß. ARL (Hrsg.): Arbeitsmaterial Nr. 117. Hannover 1987, S. 53 ff.

Was leisten Geo-Informationssysteme in der Praxis?

Jens Carstensen

Die Frage, was Geo-Informationssysteme in der Praxis leisten, kann von zwei unterschiedlichen Gesichtspunkten aus betrachtet werden. Zum einen könnten die einzelnen Leistungsmerkmale und deren Umfang der unterschiedlichsten Geo-Informationssysteme angesprochen werden, zum anderen ist es interessant zu erfahren, welche Probleme in der Anwendung von Geo-Informationssystemen oder bereits im Vorfeld der Anschaffung auftauchen. Die nachfolgenden Ausführungen nehmen Bezug auf die letztgenannte Sichtweise und sind strukturiert nach den unterschiedlichen Anwendergruppen: "Anfänger", "Routinier", "Profi". Die dabei aufgeführten Probleme basieren auf eigenen Erfahrungen, Gesprächen mit DV-Anwendern sowie aus Vorträgen anderweitig gehaltener Fachvorträge.

Die Probleme des Anfängers:

Die Leistungskraft eines GIS sollte nicht durch übertriebene Vergleiche der auf dem Markt befindlichen GIS untereinander, sondern vielmehr durch formulierte Anforderungen des Anwenders individuell beurteilt werden. Der Anwender muß also im Vorfeld wissen, welche Aufgaben er mit dem DV-System umsetzen will und nicht umgekehrt, für welche Aufgaben sich ein System eignet. So können langwierige Entscheidungsprozesse auf ein normal verträgliches Maß beschränkt werden.

Der Einsatz eines ausgewählten GIS sollte sich zunächst an den primären Aufgaben, die beim Aufbau eines GIS erforderlich sind, orientieren. Im Normalfall ist es für den Anwender überaus wichtig, zunächst eine fundierte Datenbasis zu schaffen. Sofern das angeschaffte System zur eigenen Aufnahme der Daten verwendet werden soll, sind die Leistungsmerkmale für Digitalisierprozesse von größter Wichtigkeit.

Neben der Ersterfassung von Geo-Informationen ist parallel dazu auch die analoge Datenerfassung weiter zu betreiben. Dies hat zwangsläufig eine Doppelbelastung des Personals zur Folge. Diese Anforderung geht im wesentlichen auf die eigenen Erfahrungen beim Aufbau eines automatisierten Raumordnungskatasters zurück. Wenngleich die Tatsache der Doppelbelastung anfänglich für den Aufbau eines jeden Geo-Informationssystemes zutrifft, so kann die Zeit der Doppelbelastung variieren. Wichtig ist jedoch, daß bei der Betrachtung von Geo-Informationen stets der komplette Sachverhalt

Raumbezogene Informationssysteme in der Anwendung
hrsg. im Auftrag des Deutschen Verbandes für Angewandte Geographie von Peter Moll
in Material zur Angewandten Geographie (MAG), Band 23, Bonn 1995   15

erkennbar ist. Mittelfristig ist eine - dort wo möglich - Zusammenschau von analogen und digitalen Daten anzustreben.

Mit der Wahl eines modular aufgebauten GIS werden zukünftige Wege/Spezialisierung nicht verbaut. Gerade der modulare Aufbau solcher Systeme hat sich in jüngster Zeit immer stärker durchgesetzt und kommt dem Anwender in jeder Phase des Aufbaus eines GIS entgegen.

Um keine falschen Erwartungen gegenüber Dritten zu wecken, sind Begriffe wie "Knopfdruckkarte" oder "Es geht alles automatisch" nur mit Vorsicht zu verwenden. Nur der DV-Fachmann bzw. der GIS-Spezialist erkennt und weiß, wieviel Mühe hinter einer komplett automatisiert erstellten Karte steckt. Um einerseits keine falschen Erwartungen zu wecken und andererseits sich den nötigen Spielraum einzuräumen, der notwendig ist, um automatisierte thematische Karten zu erstellen (mit Systemabstürzen, Hardware-Ausfällen oder fehlerhaften Datenzugriffen ist stets zu rechnen), wird der versierte DV-Anwender derartige Begriffe meiden.

Kaum ein System, insbesondere ein maßgeschneidertes, arbeitet fehlerfrei. Es hat wohl jeder Anwender schon die Erfahrung gemacht, daß Updates zwar Verbesserungen brachten, dafür aber in der Anfangsphase das eine oder andere Bedienungselement, welches in der Vergangenheit fehlerfrei lief, nunmehr fehlerbehaftet war. In solchen Fällen ist ein direkter Zugriff auf den oder einen Verantwortlichen des Systemhauses von größtem Nutzen - vorausgesetzt, dieses reagiert auch entsprechend schnell bei der Fehlerbeseitigung.

Die Probleme des Routiniers:

Nicht selten verleiten komplexe GIS den Anwender zu nicht gerade sinnvollen Datenauswertungen und Analysen im Sachdaten- oder Geodatenbereich. Diese oder ähnliche Erfahrungen hat wohl schon jeder GIS-Anwender selbst machen können, da das Anwendungsspektrum von Geo-Informationssystemen den einen oder anderen auch faszinieren. Daher ist bei der Bewältigung von Aufgaben mit Hilfe von Geo-Informationssystemen eine Konzentration auf das eigentlich Wesentliche besonders vonnöten.

Die individuelle Einwirkungsmöglichkeit auf die Leistungskraft eines GIS hat einen nicht zu unterschätzenden praxisbezogenen Wert. Die hier gemachten sehr positiven Erfahrungen aus der Vergangenheit haben gezeigt, daß regelmäßig stattfindende Anwendertreffen mit einem oder mehreren Vertretern des Systemhauses enorme Synergieeffekte ergeben, und der Einsatz des DV-Systemes sich immer enger an den zu bewältigenden Aufgaben ausrichtet.

Die Datenbeschaffung sollte auf mehreren Ebenen erfolgen:

1. Digitalisierung mit eigenem Personal im Hause,
2. werkvertragliche Digitalisierung im Hause,
3. Digitalisierung als Dienstleistung außerhalb,
4. Erschließung bereits vorhandener digitaler Daten,
5. Scannen und Aufbereiten kartographisch einwandfreier Einzelthemen.

Im wesentlichen wird es von der Kartengrundlage abhängen, welcher dieser beschriebenen Wege beschritten werden kann. Insbesondere gilt es, bei der vermeintlich schnellen Datenerfassung durch das Scannen abzuwägen, inwieweit die Fehlerbereinigungen im Verhältnis zu einer herkömmlichen Digitalisierung stehen. Während die Digitalisierung im eigenen Hause stets den Vorteil mit sich bringt, daß Fragen, die beim Digitalisieren auftauchen, relativ schnell gelöst werden können, bieten Aufträge, die nach außen gegeben werden, diesen Vorteil nicht. Demgegenüber steht dann der Vorteil des frei verfügbaren eigenen Personals.

Einsatz und Anwendung automatisierter Vorgänge sollten stets im Verhältnis zur analogen Bewältigung der Aufgaben gesehen werden und dort - wo angebracht - in Ergänzung stehen. Gerade bei großformatigen Arbeitsunterlagen können reprotechnische Vorgänge hervorragend in Ergänzung zur automatisierten Bearbeitung stehen. Der Gedanke "Automation in Gänze und um jeden Preis" darf in der Praxis keine Anwendung finden.

Aus der Sicht der Software-Häuser ist fast alles zu lösen; die Erfahrung zeigt, daß fast alle diese Problemlösungen weit mehr finanziellen und zeitlichen Aufwand erfordern als angenommen. Es ist daher um so wichtiger, sich zu keiner Zeit zum "Gefangenen des Systems" zu machen. Eine relative Unabhängigkeit zum Systemhaus bieten offene Systeme mit ausreichenden Schnittstellen.

Die Probleme des Profis:

Das teuerste und umfangreichste GIS wird in der Leistungskraft versagen, sofern die Konzeption und Methodik beim Aufbau eines GIS vernachlässigt wurde. Mit den methodischen und konzeptionellen Arbeiten beim Aufbau eines Geo-Informationssystems ist mindestens zu einem Drittel auch die Zeit zu berücksichtigen, die benötigt wird, um die entsprechende Datenbasis zu erhalten. Mit den Abbildungen 1 und 2 sind hier Auszüge aus dem Katalog der Schichten und Schichtinhalte des Raumordnungskatasters Rheinland-Pfalz wiedergegeben.

Mit der Einführung von Geo-Informationssystemen sind manche Fragestellungen überhaupt erst lösbar, durch die Anwendungsmöglichkeiten und neuen Anforderungen tauchen aber häufig neue umfangreiche Probleme auf,

Konzept der Schichten	Schicht-Nr.
0. Bauplanungsrechtlich zulässige Nutzung	0000
1. Tatsächliche Nutzung	1000
2. Natürliche Potentiale	
2.1 Boden	
2.1.1 Bodengüte	2110
2.1.2 Lagerstätten	2130
2.1.3 Biotope	2150
2.1.4 Erholung	2170
2.2 Wasser	
2.2.1 Wasservorkommen	2310
2.3 Luft	
3. Fachplanerische Schutz- und Vorrangausweisungen	
3.1 Boden	
3.1.1 Natur- und Landschaftsschutz	3110
3.1.2 Waldfunktion	3130
3.2 Wasser	
3.2.1 Wasserschutz	3310
3.2.2 Hochwasserschutz I	3330
3.2.3 Hochwasserschutz II	3340
3.2.4 Be- und Entwässerungsgebiete	3350
3.3 Luft	
3.4 Sonstige Schutzzonen	
3.4.1 Baubeschränkung	3710
3.4.2 Immission	3730
3.4.3 Kultur	3750
3.4.4 Nachrichtenwesen	3770
4. Raumplanerische Schutz- und Vorrangausweisungen	
4.1 Boden	
4.1.1 Vorranggebiet Landwirtschaft	4110
4.1.2 Vorranggebiet Forstwirtschaft	4130

Abbildung 1: Automatisiertes Raumordnungs- und Raumplanungskataster

Schicht	Schichtinhalte		
Sachbereich	**Merkmal-gruppe**	**Merkmalklasse**	**Merkmal**
0000 BZN	0100 Für die Bebauung vorgesehene Flächen	0110 Wohnbauflächen § 5 Abs. 2 Nr. 1 BauGB i.V.m. § 1 Abs. 1 Nr. 1 BNVO	0111 Kleinsiedlungsgebiet 0112 Reines Wohngebiet 0113 Allgemeines Wohngebiet 0114 Besonderes Wohngebiet
		0120 Gemischte Bauflächen § 5 Abs. 2 Nr. 1 BauGB i.V.m. § 1 Abs. 1 Nr. 2 BNVO	0121 Dorfgebiet 0122 Mischgebiet 0123 Kerngebiet
		0130 Gewerbliche Bauflächen § 5 Abs. 2 Nr. 1 BauGB i.V.m. § 1 Abs. 1 Nr. 3 BNVO	0131 Gewerbegebiet 0132 Industriegebiet
		0140 Sonderbauflächen § 5 Abs. 2 Nr. 1 BauGB i.V.m. § 1 Abs. 1 Nr. 3 BNVO	0141 Sonderbaufläche (bebaut) 0142 Sonderbaufläche (unbebaut)
		0150 Sondergebiete, die der Erholung und Freizeit dienen § 5 Abs. 2 Nr. 1 BauGB i.V.m. § 10 Abs. 1 BNVO	0151 Wochenendhausgebiete 0152 Ferienhausgebiete 0153 Campingplatzgebiete
		0160 Sondergebiete, die der Erholung und Freizeit dienen: Zweckbestimmung Sport § 5 Abs. 2 Nr. 1 BauGB i.V.m. § 10 Abs. 1 BNVO	
		0170 Sonstige Sondergebiete § 5 Abs. 2 Nr. 1 BauGB i.V.m. § 11 BNVO	0171 SOSO "Verwaltung" 0172 SOSO "Bildung" 0173 SOSO "Kultur" 0174 SOSO "Gesundheit" 0175 SOSO "Sicherheit" 0176 SOSO "Einkauf" 0177 SOSO "Umschlaghafen" 0178 SOSO "Messe, Kongress"

Abbildung 2: Automatisiertes Raumordnungs- und Raumplanungskataster

die den in Aussicht gestellten Zeit- und Personalgewinn durch die Einführung dieser Systeme wieder aufheben. Die Erfahrungen der letzten Jahre haben gezeigt, daß sich andere Aufgabenschwerpunkte bilden, die nicht weniger Personal zur Folge haben, sondern in der Regel höherqualifiziertes Personal erforderlich machen.

Der Einsatz von GIS erfordert neben standardisierten Datenaustauschformaten auch die vertikale und horizontale inhaltliche Abstimmung der Datenkataloge. Um die Vorzüge eines Informationssystems auf der eigenen Fachschiene optimal zu nutzen, ist die vertikale Abstimmung ein zwingendes Erfordernis. Im Zuge der bereichsübergreifenden Datenverarbeitung und insbesondere bei der querschnittsorientierten Raumordnung erhält die horizontale Abstimmung fachspezifischer Datenkataloge zunehmend Gewicht.

Neben den Datenaustauschanforderungen und inhaltlichen Abstimmungen sind die Probleme, Daten aus unterschiedlichen Maßstäben zusammenzuführen, zu berücksichtigen. Das immer wieder von den Systemhäusern propagierte "maßstabslose" Arbeiten verkennt die in der Praxis gestellten Genauigkeitsanforderungen. So ist eine Überführung von großmaßstäblichen Aufnahmen in kleinmaßstäblicher Abbildung aus Gründen der Generalisierung nicht unbegrenzt möglich, so wie aus Gründen der Aussagegenauigkeit nicht geraten werden kann, von kleinen Maßstäben in große Maßstäbe zu übertragen. Rein technisch ist das derzeit kein Problem mehr, jedoch ist die Aussageschärfe stets nur so genau wie der Aufnahmemaßstab es ermöglicht.

Die Zugriffsmöglichkeiten auf unterschiedliche GIS der Fachressorts sollten über Standards möglich sein, jedoch nicht in der Zusammenführung zentral gesteuerter sogenannter Megadatenbanken enden. Der dezentralen Aufnahme, Vorhaltung und Fortführung fachspezifischer digitaler Elemente ist der Vorrang einzuräumen gegenüber einer Datenhaltung und Speicherung zentraler Ordnung. Allein aus Gründen der doch hin und wieder auftretenden Systemausfälle ist eine zentral verwaltete Datenbankstruktur problematisch.

Um die in der Datenverarbeitung viel zitierte Doppelarbeit zu vermeiden, ist eine Transparenz vorhandener Daten, Datenquellen, Datenträger, Datensysteme und deren Austausch auf allen vertikalen und horizontalen Ebenen zu schaffen. Dies gewinnt gerade in jüngster Zeit immer mehr an Bedeutung, setzt jedoch eine sehr umfangreiche Bestandsaufnahme auf allen Ebenen voraus. Für den Einsatz und die Leistungskraft räumlicher Informationssysteme in der Praxis ist die Transparenz vorhandener Systeme und Bestände nur ein Gewinn.

Anwendung des Programmes GRIPS PLUS bei der Erarbeitung des Flächennutzungsplanes des Stadtverbands Saarbrücken

Rolf Schwedhelm, Gerhard Bleich

Zusammenfassung

Im vorliegenden Aufsatz wird der Einstieg in die Grafische Datenverarbeitung am Beispiel des Umweltamts des Stadtverbands Saarbrücken erläutert. Neben dem Nutzen, der aus dem Vorhandensein eines raumbezogenen Informationssystems gezogen werden kann, soll auch der Weg beschrieben werden, wie ein solches System mit Daten gefüllt und diese Daten ansprechend präsentiert werden können. Denn bevor ein Informationssystem dem Planer Unterstützung für seine tägliche Arbeit bieten kann, sind konzeptionelle Fragen bezüglich des Datenmodells, der räumlichen Auflösung der Daten und schließlich der Art und Weise der Datenerfassung und der Ausgabe zu klären.

Einen nicht unerheblichen Einfluß auf das Konzept hat natürlich der beabsichtigte Zweck eines Informationssystems. Nicht zu Projektbeginn, sondern in späteren Bearbeitungsphasen stellen sich neue Anwendungsmöglichkeiten heraus. Das vorab festgelegte Datenmodell muß auf die neuen Anforderungen anpaßbar sein.

1. Gründe für den Einsatz der Grafischen Datenverarbeitung

Im gesamten Bereich der behördlichen Planung müssen heute immer weitergehende Auflagen beachtet werden.

Ein großes Anliegen des Planers muß deshalb der schnelle Zugriff auf möglichst aktuelle Planungsunterlagen (sprich Planungskarten/-werke) sein. Mit diesen Ansprüchen steigen auch an die Kartenstellen bei den verschiedenen Behörden die Anforderungen ständig. Da aber bei den meisten Behörden eher Personal gekürzt wird als daß zusätzliche Fachkräfte eingestellt werden, können die steigenden Bedürfnisse der Planer durch die personalintensive, konventionelle Karten-/Planherstellung in vielen Bereichen nicht mehr optimal befriedigt werden.

Aufgrund dieser Tatsache sehen sich immer mehr Behörden und Kommunen im Bereich der Grafischen Datenverarbeitung um. Den sicherlich hohen

Raumbezogene Informationssysteme in der Anwendung
hrsg. im Auftrag des Deutschen Verbandes für Angewandte Geographie von Peter Moll
in Material zur Angewandten Geographie (MAG), Band 23, Bonn 1995   21

Einstiegskosten steht eine weitgehende Erfüllung der grafischen Anforderungen der Planer gegenüber:

- Die Fortschreibung einer bestehenden Karte kann direkt erfolgen, d. h. neue Daten werden direkt zu den alten Situationen hinzugefügt. Im Feld digital erfaßte Punkte/Koordinaten können direkt übernommen werden. Die Karte ist dadurch zumindest am Bildschirm ständig in aktueller Form präsentierbar.
- Sowohl bei der Erfassung als auch bei der grafischen Ausgabe, kann blattschnittlos gearbeitet werden. Zum einen werden hierdurch Probleme bei der Randanpassung minimiert, zum anderen hat der Anwender die Möglichkeit, sich den ihn interessierenden Ausgabebereich frei zu wählen.
- Die Lagerung von Kartenwerken nimmt bedeutend weniger Raum ein. Kartenschränke werden nicht mehr benötigt. Die Datensicherungen können auf kompakten Magnetbändern vorgenommen werden.
- Ein weiteres Problem der konventionellen Kartenverwaltung, die unterschiedlich gute Maßhaltigkeit verschiedener Trägermaterialien, fällt bei digitalen Daten nicht an. Mit Hilfe von Plottern können die gespeicherten Daten direkt aus dem System heraus auf unterschiedliche Träger (Papier, Folie, Film) ausgegeben werden. Verzerrungen durch fototechnisches Umkopieren entfallen.
- Bei der grafischen Ausgabe läßt sich die grafische Ausprägung sowohl von individuellen Elementen als auch von ganzen Objektgruppen schnell und einfach interaktiv ändern (z.B. Strichstärken und Strichliermuster, Farben, Schraffierungen, Symbole u.a.).
- Bei vielen Planungsvorhaben interessieren den Planer nur einzelne Sachverhalte aus einer Karte bzw. das Zusammenspiel von Sachverhalten, die in verschiedenen Karten dargestellt sind. In der GDV bieten sich hierzu Möglichkeiten, über Selektionskommandos genau die Situation zusammenzustellen, die im Einzelfall von Interesse ist.
- Durch die Möglichkeit, an die Grafische Datenbank eine Sachdatenbank anzubinden (Geographisches Informationssystem), in der zu den individuellen, logischen Einheiten (Objekten) Fachdaten abgespeichert werden können, kann der Anwender zum einen aus der Grafik heraus nähere Informationen zu einzelnen Objekten (z.B. Querschnitt, Material, Legejahr usw. einer Leitung) abfragen, zum anderen kann er über Selektionskriterien in der Sachdatenbank eine gezielte Objektmenge in der Grafik darstellen lassen (z.B. alle Leitungen, die 1990 gewartet werden müssen oder alle Gewässer, die einen bestimmten Verschmutzungsgrad aufweisen und alle Industriebetriebe, die ihre Abwässer in diese Gewässer einleiten).

- Durch die Speicherung von grafischen und beschreibenden Daten in einem Geographischen Informationssystem steigt die Qualität der Daten. Voraussetzung dafür ist jedoch die Fähigkeit des eingesetzten Programms, insbesondere der Sachdatenbank, die zu verwaltenden Daten auf Plausibilität zu prüfen.

2. Erstellung des digitalen Flächennutzungsplans

Beim Umweltamt des Stadtverbandes Saarbrücken (Zusammenschluß von zehn Einzelgemeinden) stand für 1990 die Neuerstellung des Flächennutzungsplanes an. Bei der Frage der Herstellungsmethode entschied man sich seitens des Stadtverbandes zur digitalen Erfassung, grafischen Bearbeitung und Herstellung der Druckvorlagen mit Hilfe der GDV.

Anfang 1989 fiel die Entscheidung, das Projekt mit dem kartographischen Programmsystem GRIPS von KOHNS + POPPENHÄGER durchzuführen. Kurzfristig wurde die GDV "nur" als Werkzeug für die Kartenoriginalherstellung gesehen. Langfristig gesehen will das Umweltamt durch den Anschluß einer Sachdatenbank und die digitale Erfassung anderer Planwerke ein umfassendes Umweltplanungssystem aufbauen.

Da beim Stadtverband Saarbrücken die notwendige Hardware für die Digitalisierung anfangs zum Teil nicht vorhanden war bzw. keine in GRIPS geschulten Fachkräfte zur Verfügung standen, wurde zusammen mit der Entscheidung für GRIPS die Firma KOHNS + POPPENHÄGER mit der Kartenherstellung "Entwurf des Flächennutzungsplanes des Stadtverbandes Saarbrücken" beauftragt.

Der grafische FNP sollte entsprechend dem 1981 fertiggestellten FNP gestaltet werden. Dieser wurde als farbige Ausgabe im Maßstab 1:15.000 in vier Blättern (Blattformat eines Einzelblattes mit Legende ca. 135 x 100 cm^2) gedruckt. Als topographische Grundlagenkarte wurde eine Montage der auf 1:15.000 verkleinerten Blätter der DGK 5 unterlegt.

Der Projektablauf bis zum Druck läßt sich in sechs Schritte einteilen:
- Erstellung der analogen Planentwürfe
- Bereitstellung der Hintergrundkarte
- Vorbereitungen zur Erfassung
- Digitalisierung und interaktive Bearbeitung
- Datenkonvertierung für die Druckvorlagenerstellung
- Druckaufbereitung und Druck.

2.1 Erstellung der analogen Planentwürfe

Vom Umweltamt wurden in Zusammenarbeit mit den zehn Einzelgemeinden des Stadtverbandes auf der Grundlage des 1981 erstellten FNP Änderungen gemeindeweise im Maßstab 1:10.000 auf Papierlichtpausen eingetragen.
Den Entwürfen lag eine Montage der verkleinerten Blätter der DGK 5 zu-
grunde.

Die Entscheidung, die Arbeitskarten 1:10.000 zu nutzen, bedeutete, daß
das Planwerk nicht parzellenscharf zu digitalisieren war. Dies ist für den
FNP, das Planwerk der vorbereitenden Bauleitplanung, nicht erforderlich.
Der nun zu verwendende Erfassungsmaßstab zwang andererseits zu einer
Generalisierung der Karteninhalte.

Diese Vorgehensweise entspricht dem MERKIS-Konzept (DEUTSCHER
STÄDTETAG 1988), in welchem drei selbständige Raumbezugsebenen vor-
geschlagen werden. Dabei wird für die kommunale Entwicklungsplanung eine Maßstabsebene von 1:2500/5000 bis 10000 empfohlen, basierend auf der
topographischen Stadtkarte bzw. der Deutschen Grundkarte.

2.2 Bereitstellung der Hintergrundkarte

Eine geeignete Hintergrundkarte für den Flächennutzungsplan liegt im Bereich des Stadtverbandes Saarbrücken noch nicht in digitaler Form vor. Das
Umweltamt entschloß sich deshalb, dem gedruckten FNP eine auf 1:15.000
verkleinerte Montage der Blätter der DGK 5 zu hinterlegen. Diese Montage
wurde für die vier Teilblätter des FNP vom Landesvermessungsamt des
Saarlandes für den Druck zur Verfügung gestellt.

2.3 Vorbereitungen zur Erfassung

Vor dem Beginn der eigentlichen Bearbeitung (Digitalisierung) mußten
vorbereitende Arbeiten zur Konzeptionierung des Projektes vorgenommen
werden. Im einzelnen wurden in dieser Phase folgende Schritte durchgeführt:
- Aufbau eines Typklassenkonzeptes unter Beachtung logischer Hierarchien
  (z.B. bei den Grenzhierarchien).
- Festlegung des Projektkoordinatensystems, Systemnullpunkts, Größe der
  GDB-Tabellen.
- Die Koordinaten wurden als rechtwinklige Gauss-Krüger-Koordinaten
  eingegeben.

- Aufbau einer Strichartentabelle entsprechend der gewünschten Linienausgestaltung.
- Aufbau einer Symboldatenbank, in der alle benötigten Planzeichen abgelegt wurden.
- Zuordnung von festen Farbindizes zu bestimmten Objektgruppen (Typklassen) sowie Aufbau einer Farbtabelle für die Farbausgestaltung (Rot-, Grün-, Blau-Kombinationen) am Bildschirm. Des weiteren wurden Makros geschrieben, um die Erfassung/Digitalisierung möglichst weitgehend zu automatisieren.

Tabelle 1 zeigt im Überblick die Untergliederung der grafischen Information in Gruppen von Typklassen.

Tabelle 1

Flächennutzungsplan - Typklassenkonzept	
Verwaltungsgrenzen	2390 - 2450
Straßen	2370 - 2380
Nutzungsgrenzen	2340 - 2350
Sonstige Verkehrsflächen	2200 - 2300
Wasserflächen	2080 - 2100
Land- und forstwirtschaftliche Flächen	1950 - 2000
Bauflächen	1750 - 1900
Gemeinbedarfsflächen	1601 - 1700
Grünflächen	1501 - 1600
Flächen für Ver- und Entsorgung	1401 - 1500
Leitungen/Richtfunkstrecken	1310 - 1400
Schutzgebiete	1270 - 1301
Flächen für Nutzungsbeschränkungen	1201 - 1250
Flächen für Aufschüttungen und Abgrabungen	1190 - 1200
Sonstige	1 - 10

2.4 Digitalisierung und interaktive Bearbeitung

Mit der Digitalisierung der FNP-Entwürfe wurde Mitte März 1989 begonnen. Da die einzelnen Entwürfe gemeindeweise vorlagen und unterschiedliche Bearbeiter an dem Projekt gleichzeitig gearbeitet haben, wurde beschlossen, die Digitalisierung in Teilprojekten gemeindeweise vorzunehmen und später die Daten in einem Gesamtprojekt zusammenzuladen. Um beim Zusammenladen der Einzelprojekte an den Bearbeitungsgrenzen möglichst geringe Anpassungsprobleme zu erhalten, wurden in einem vorbereitenden Schritt die Gemeindegrenzen sowie die Stadtverbandsgrenze direkt von den etwa 150 Einzelblättern der DGK 5 digitalisiert. Diese Grenzsituation diente dann bei der Digitalisierung des FNP-Inhaltes als Grundlage für die Einpassung.

Bei der Erfassung des FNP-Inhaltes wurde in folgender Reihenfolge vorgegangen:

a) Digitalisierung des Straßennetzes

Eine Straßenbegrenzungslinie bzw. die Autobahnmittellinie wurde abdigitalisiert. Die weiteren Begrenzungslinien wurden interaktiv in einem festen Abstand hierzu konstruiert. Die Ausgestaltung von Kreuzungen und Einmündungen wurde individuell am Bildschirm vorgenommen.

b) Erfassung aller Linienelemente, die Farbflächen (z.B. Bauflächen, Grünflächen, Gemeinbedarfsflächen) begrenzen

c) Objektdefinition der einzelnen geschlossenen Farbflächen (GRIPS-Objektkommandos):

DEFINIERE OBJEKT

ÄNDERE FARBE

SCHRAFFUR (Füllkommando)

d) Erfassung und Objektdefinition sonstiger überlagernder Flächen (z.B. Schutzgebiete, Sanierungsgebiete)

e) Erfassung und Objektdefinition linearer Objekte (Leitungen)

f) Erfassung und Objektdefinition lokaler Objekte (Planzeichen)

Zum Teil wurden schon während der Erfassung einzelne Korrekturen an der Graphik vorgenommen (z.B. Verschieben von Planungen gegenüber der Lage im Entwurf). Nach Fertigstellung der Einzelprojekte und der Überprüfung anhand von Prüfplots wurden von den Einzelprojekten GRIPS-Daten (Schnittstelle GRIPS-GRIPS) erzeugt und danach in ein Gesamtprojekt zusammengeladen. Hier mußten an den Gemeindegrenzen die Situationen (z.B. Verkehrswege) entsprechend angepaßt werden. Zur Überprüfung der Digitalisierung wurden dem Umweltamt Prüfplots auf Transparentpapier zur Vergütung gestellt. Korrekturen konnten dann im Gesamtprojekt vorgenommen werden.

Abbildung 1 zeigt für einen Ausschnitt einen Teil der verwendeten Typklassen in Schwarz-Weiß-Darstellung. Für die Ausgabe dieser Karte wurden die Farben der einzelnen flächenhaften Objekte unterdrückt.

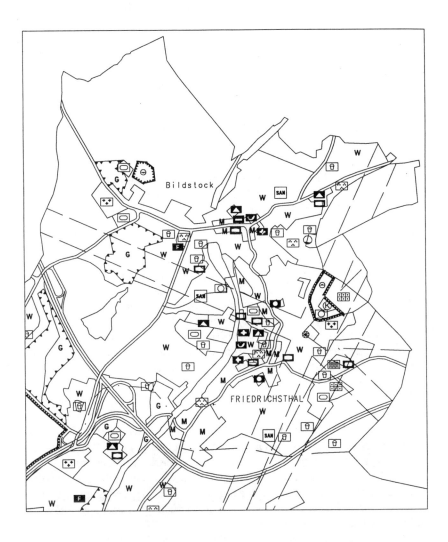

Abbildung 1:   Ausschnitt aus dem FNP: Linien und Punktinformationen

2.5 Datenkonvertierung für die Druckvorlagenherstellung

Da eine automatische Druckvorlagenherstellung für Flächenfarben (Offsetrasterung für den 4-Farb-Offsetdruck) mit Vektorausgabegeräten (z.b. Penplotter) nicht möglich ist, mußte eine Möglichkeit gesucht werden, die von GRIPS erzeugten Vektordaten in Rasterdaten umzuwandeln, um eine automatische Druckvorlagenerstellung auf einem Laser-Rasterplotter durchführen zu können.

Der Auftrag zur Druckvorlagenherstellung und zum Druck der vier Einzelblätter mit Legende wurde an die Firma Kümmerly + Frey in Bern vergeben. Für die Überspielung der Daten in das Scitex-System bei Kümmerly + Frey wurden in einem Zwischenschritt von dem Projekt typklassenweise GRIPS-Daten erzeugt. Diese wurden mit einem Konvertierungsprogramm in das SIF-Daten-Format (Standard Interchange Format) umgewandelt und konnten in dieser Form bei Kümmerly + Frey eingelesen werden.

2.6 Druckaufbereitung und Druck

Die Firma Kümmerly + Frey arbeitet schon seit Ende der 70er Jahre im Bereich der automatisierten Kartenherstellung (BARTEL 1991). Das dort genutzte System Scitex-Response-250 bietet neben einem Laser-Rasterplotter mit einem maximal nutzbaren Bildformat von 101 cm x 185 cm die Möglichkeit, grafische Eingriffe im Rasterformat an einer angeschlossenen Edit-Station interaktiv vorzunehmen.

Nachdem die SIF-Daten bei Kümmerly + Frey eingelesen waren, konnten blattweise erste Druckvorlagen und mit diesen erste Cromaline als Andruckersatz erstellt werden. Anhand der Cromaline fand beim Umweltamt eine Korrekturlesung statt. Notwendige Korrekturen wurden zum Teil über den GRIPS-Scitex-Datentransfer, zum Teil bei kleineren Korrekturen (z.B. Verschieben von Planzeichen) interaktiv im Scitex-System vorgenommen und entsprechend im GRIPS-Projekt nachgeführt. Nach der endgültigen Druckfreigabe durch das Umweltamt wurde der Druck im Dezember 1989 bei Kümmerly und Frey durchgeführt.

In den verschiedenen Phasen der Offenlegung des FNPs wurde dieses Verfahren wiederholt eingesetzt, wobei dem Stadtverband teils die Cromaline, teils die Pläne in gedruckter Form in unterschiedlicher Auflage übergeben wurden.

2.7 Installation und Schulung

Um den digitalen FNP weiterhin nutzen zu können, wurde GRIPS auf einer Unix-Workstation beim Stadtverband zusammen mit den Projektdaten installiert. Dazu wurde ein Bildschirmmenü erstellt, mit dem der Sachbearbeiter mit der Maus auswählt, welche Informationen er auf dem Bildschirm sehen möchte.

Außerdem wurden die mit der Grafischen Datenverarbeitung betrauten Sachbearbeiter im Umgang mit dem Rechner, der Peripherie und dem Programm geschult.

3. Ausbau zu einem Kommunalen Umwelt-Informationssystem

Durch die Anbindung einer Fachdatenbank (z.B. die relationalen Datenbank-Management-Systeme ORACLE oder Informix) und die Übernahme oder Digitalisierung anderer Planungsgrundlagen wird der digitale FNP nun in Richtung eines Umwelt-Informationssystems ausgebaut.

3.1 Flächenbilanzierung

Um dem Statistischen Landesamt Unterlagen zur Erhebung der Bodenflächen liefern zu können, wurde ein Modul zur Erfassung und Fortführung der Flächenbilanzierung auf Ortsteilebene erstellt.

Vorab war es jedoch nötig, die Ortsteilgrenzen, die noch nicht digital vorlagen, in das Gesamtprojekt einzufügen.

Jetzt wird bei Änderung einer Fläche in der Grafik automatisch die betreffende Flächengröße in der angeschlossenen Datenbank aktualisiert. Über Routinen zur Erzeugung von Listen können so schnell aktuelle Flächenbilanzen für den Stadtverband, Gemeinden oder Ortsteile ausgegeben werden. In Tabelle 2 ist solch eine automatisch erzeugte Liste dargestellt.

Tabelle 2

Beispiel: Flächenbilanzierung Ortsteil-Ebene

Gemeinde: HEUSWEILER   Ortsteil: WAHLSCHEID   Ortsteilflächen: 21255,3 ar

FNP-Bezeichnung	FNP-Schlüssel	Fläche in ar	Prozent der Ortsfläche
Bauflächen	100	5478,3	25,8
Wohnbauflächen	110	4944,8	23,3
Gewerbliche Bauflächen	130	533,5	2,5
Gemeinbedarfsflächen	200	144,2	0,7
Verkehrsflächen	300	1227,8	5,8
Straßen	310	1227,8	5,8
Ver-/Entsorgungsflächen	400	52,9	0,2
Grünflächen	500	1027,5	4,8
Landwirtsch.- + Forstwirtschaftsflächen	600	13324,7	62,7
Landwirtschaftsflächen	610	12771,2	60,1
Waldflächen	620	553,5	2,6

3.2 Übernahme der Altlastverdachtsflächen

Zunächst wurden Anfang 1990 in Zusammenarbeit mit dem Institut für Umweltinformatik an der Fachhochschule des Saarlandes kontaminationsverdächtige Flächen eingelesen und bearbeitet.

Die Geometriedaten lagen bereits im SICAD-Datenformat vor und konnten über die Schnittstelle SICAD-GRIPS eingelesen werden. Die zugehörigen Sachdaten wurden in ORACLE in Tabellen abgelegt. Zu Präsentationszwecken wurde eine Benutzeroberfläche (Makros, Oracle- bzw. Informix-Masken) erstellt.

In einem weiteren Schritt wurden Auswerte- und Darstellungsmakros realisiert. So ist heute die folgende Recherche nur noch eine Frage des Anklickens mit dem Mauszeiger bzw. weniger Eingaben über die Tastatur:
- Suche einen gewünschten Ausschnitt aus dem Gebiet des Stadtverbandes.
- Zeige in diesem Ausschnitt alle Wohnbauflächen, Spiel- und Sportplätze sowie Kindergärten.

- Suche solche kontaminationsverdächtige Flächen im Ausschnitt, die ehemalige Deponien von Industrie- und Gewerbeflächen sind.
- Überlagere diese Flächen mit den selektierten FNP-Informationen.
- Zeige zu den einzelnen Kontaminationsflächen die jeweiligen Sachdaten.

Bei solchen Auswertevorgängen ist der beschleunigte Zugriff auf unterschiedliche raumbezogene und attributive Daten sicherlich der Nutzen, der am höchsten zu bewerten, monetär aber nur sehr schwer zu fassen ist.

3.3 Dokumentation der Baurechtsflächen

Die digitale Dokumentation "Baurechtsflächen", die kürzlich fertiggestellt wurde, dient zur grafischen und alphanumerischen Verwaltung aller baurechtlich relevanten Informationen von Bebauungsplänen oder Sanierungsgebieten. Auch diese Fachanwendung ist so konzipiert, daß die Informationen des FNPs am Grafikschirm hinterlegt werden können.

4. Zukünftige Anwendungen

GRIPS verwaltete bislang objektstrukturierte Vektordaten. Durch ein neues Programm-Modul können auch Rasterdaten, also z.B. gescannte topographische Karten, auf die Vektordaten eingepaßt und diesen hinterlegt werden. Dadurch sind natürlich neue Wege der Bearbeitung möglich, z.B. Digitalisierung direkt am Bildschirm oder die gemeinsame Ausgabe von Vektor- und Rasterdaten auf ein Ausgabegerät. Derzeit sind Überlegungen im Gange, wie der Umstieg auf die hybride grafische Datenverarbeitung beim Stadtverband vollzogen werden kann.

Literatur

Bartel, U. (1991): Erfahrungen mit dem System Scitex-Response 280 in der Verlagskartographie.- In: LEIBBRAND, W. (Hrsg.) (1991): Moderne Techniken der Kartenherstellung.- Ergebnisse des 18. Arbeitskurses Niederdollendorf 1990 des Arbeitskreises Praktische Kartographie; S. 123 - 131, Bonn.

Bleich, G. (1989): Kartographische Anforderungen an ein Interaktives Graphisches System.- Diplomarbeit an der Fachhochschule Karlsruhe, Fachbereich Vermessung und Kartographie.

Deutscher Städtetag (Hrsg.) (1988): Maßstabsorientierte Einheitliche Raumbezugsbasis für Kommunale Informationssysteme (Merkis). - (Reihe E: DST-Beiträge zur Stadtentwicklung und zum Umweltschutz, Heft 15), Köln.

Schneider , H.-J. (1988): GRIPS - ein GDV-System in Theorie und Praxis - Teil 2: Konzeption und Datenstruktur.- In: Der Vermessungsingenieur, 39. Jahrgang (1/88), S. 17 -20.

Danksagung:

Die Autoren danken dem Stadtverband Saarbrücken für die freundliche Überlassung von Karten- und Tabellenmaterial.

Standraumfragen in der Abfallwirtschaft - Anwendungsbeispiele für GIS in der Praxis
Werner M. Ried

Die Suche von optimalen Standorten und Standräumen ist eine der klassischen Anwendungsbereiche von Geographischen Informationssystemen (GIS). Dabei kommen neben den in diesem Band vorgestellten Methoden zur raumbezogenen Datenverwaltung für Katasterzwecke auch die räumlichen Analysemethoden eines GIS zum Tragen.

Standortsuche und sozialgeographische Ansätze

Gerade bei abfallwirtschaftlichen Aufgaben stellt sich das Problem der schnellen und überschaubaren Verknüpfung von Raum und Information. Klassische Anliegen sind dabei die Standortsuche für Abfallentsorgungsanlagen und immer häufiger auch Aufgaben mit sozialgeographischem Kontext. Bei letzteren wird zu erhellen versucht, wie "abfallproduktiv" ein Raum ist.

Zur Beantwortung dieser Frage bedarf es der Untersuchung von Faktoren, die das Abfallaufkommen in Menge und Zusammensetzung beeinflussen. Dabei spielen z.B. folgende Parameter eine Rolle:
- die Flächennutzung mit Angaben z.B. über Garten- und Wohnfläche;
- sozio-demographische Gegebenheiten wie z.B. die Familiengröße, die Anzahl der Bewohner pro Haushalt, etc.;
- das Konsumverhalten.

Anwendung in der Planung von Systemen der Getrenntsammlung

Eine Kenntnis der sozialgeographischen Verhältnisse erleichtert die Einführung von Systemen der getrennten Müllerfassung. Schließlich soll die Getrenntsammlung erfolgreich und sinnvoll sein. Dies hängt jedoch davon ab, wo die Getrenntsammlung eingeführt wird. Gesichtspunkte der Umweltvorsorge und wirtschaftliche Aspekte sind dabei zu verknüpfen. Die Logistik der Tourenplanung für Entsorgungsfahrzeuge (vgl. GEPPERT 1986) spielt dabei ebenso eine Rolle wie sozialgeographische Aspekte.

Raumbezogene Informationssysteme in der Anwendung
hrsg. im Auftrag des Deutschen Verbandes für Angewandte Geographie von Peter Moll
in Material zur Angewandten Geographie (MAG), Band 23, Bonn 1995   33

Beispiel Bioabfallwirtschaft

Am Beispiel der Bioabfallwirtschaft kann die Problematik verdeutlicht werden. Das Konzept der vielversprechenden Bioabfallwirtschaft beruht auf der Einsammlung von organischen Abfällen mittels Biotonnen. Das in grünen oder braunen Abfallgefäßen gesammelte organische Material wird auf Kompostplätzen zu hochwertigem Kompost aufbereitet. Dank der Bundesgütegemeinschaft Kompost gibt es dazu geregelte Qualitätsstandards für den Schadstoffgehalt. Eine Rückführung des hochwertigen Kompostes in die Landwirtschaft ist wünschenswert, um einen echten ökologischen Stoffkreislauf zu schließen.

Flächendeckende Getrenntsammlung

Im Hausmüll eines citynahen Bürohäuserblocks rechnet niemand ernsthaft mit hohen Anteilen an organischem Abfall (Biomüll), da es sich bei den wenigen Bioabfällen dort überwiegend um gefüllte Kaffeefilter aus den Büros handeln wird. Ähnliches ist in Gewerbegebieten zu beobachten, sieht man einmal von punktuell anfallenden, organischen Kantinenabfällen ab.

Andererseits gibt es Stadtteile, in denen sehr hohe Biomüllanteile im Hausmüll festzustellen sind. Dazu gehören Gebiete mit hohem Gartenanteil und, allgemein, ländlich strukturierte Räume (ÖKOFEP 1989).

Im Bestreben, die Müllmengen durch die modernen Konzepte der Bioabfallwirtschaft zu verringern, muß jedoch ein kontraproduktiver Aspekt berücksichtigt werden: Die Gesamtabfallmenge kann durch das Aufstellen von Biotonnen in Gebieten mit großen Hausgärten ansteigen, was saarländische Modellversuche gezeigt haben (ÖKOFEP 1989). Die Ursache dafür liegt im Rückgang von privaten Kompostier-Initiativen in den Hausgärten. Sobald Biotonnen zur Verfügung stehen, wandert der Gartenabfall vermehrt in die Biotonne und damit zur öffentlichen Entsorgung.

Es stellt sich hier die Frage, ob in Gebieten mit privaten Kompostiermöglichkeiten (unglücklich "Eigenkompostierung" genannt) Biotonnen überhaupt zur Verfügung stehen sollen. Auf die Sinnlosigkeit von Biotonnen in Gebieten ohne nennenswerte Biomüllproduktion (Gewerbegebiete, Citybereiche) wurde schon weiter oben hingewiesen.

Alternativen zur flächendeckenden Getrenntsammlung

Obgleich der Sachverhalt der deutlichen räumlichen Unterschiede beim Biomüllaufkommen bekannt ist, wird grundsätzlich in den meisten Gebietskörperschaften hingegen eine flächendeckende Einführung von Gefäßen zur Biomüllerfassung favorisiert.

Das Land Hessen hat beispielsweise per Rechtsverordung zum Landesabfallgesetz bereits 1990 die flächendeckende Biomüllkompostierung eingeführt, womit auch ein flächenhaftes Aufstellen von Biotonnen einhergeht (DIMPL-von LOSSAU / KRAUSS / NEIDHARDT 1991, S. 7).

Eine Diskussion über Alternativen zur flächendeckenden Sammlung per Holsystem, beispielsweise durch das Bringsystem zum nächsten Kompostplatz oder zu einer Depotcontainer-Station, fand im Bereich der Bioabfallwirtschaft eine eher geringe Beachtung. Auch bei anderen Systemen der getrennten Einsammlung von Hausmüll (Sacksammelsysteme, grüne Tonne, gelbe DSD-Tonne) ist die flächendeckende Einrichtung, bezogen auf eine Gebietskörperschaft, zu beobachten. Ein aktuelles Beispiel liefert dazu der im Saarland flächendeckende Einsatz von gelben Säcken der Dualen System Deutschland GmbH zur Erfassung von bestimmten Verpackungsabfällen.

Die Idee einer standraumoptimierten Getrenntsammlung

Der Gedanke an eine der Siedlungsstruktur angepaßten Einführung von Systemen der Getrenntsammlung wurde Ende der achtziger Jahre für den Bereich der Bioabfallwirtschaft im Saarland aufgegriffen.

Im Rahmen eines Auftrages durch den KABV Saar (Kommunaler Abfallentsorgungsverband Saar, Körperschaft des öffentlichen Rechtes) hat die Gesellschaft für Ökologie, Forschung, Entwicklung und Planung ÖKOFEP GmbH das Konzept einer "gebietsspezifischen" Einführung von Gefäßen zur Biomüll-Erfassung erarbeitet (ÖKOFEP 1989). Eine Weiterentwicklung stellt die 1991 in einer geographischen Diplomarbeit vorgeschlagene Methode "zur standraumoptimierten Einführung der Biotonne mit computerunterstützten Hilfsmethoden der Entscheidungsfindung" dar (RIED 1991a). Die folgenden Ausführungen basieren auf dieser Studienarbeit.

GIS-Methoden bei der Planung von Biotonnengebieten

Das Vorgehen der standraumoptimierten Biotonnen-Einführung mit GIS-Unterstützung untergliedert sich in mehrere Etappen. Zunächst werden die Einflußgrößen zusammengetragen bzw. erarbeitet, die eine gute Eignung eines Raumes für den Biotonnen-Einsatz erwarten lassen (z.B. aufgrund hoher Organikanteile im Hausmüll und durchschnittlicher Hausgartengrößen).

Unter Begutachtung der regionalen Besonderheiten und der verfügbaren Datengrundlage müssen im zweiten Schritt Kriterien und Regeln für die Raumanalyse des Untersuchungsraumes aufbereitet werden. Bei diesem heuristischen Vorgehen spielen gesammelte Datenbestände und Erfahrungen wie z.B. bei der ÖKOFEP GmbH, als Gutachterbüro im Bereich der Abfallwirtschaft, eine entscheidende Rolle. Parallel dazu erfolgt der Schritt der Datenaufbereitung für die EDV.

Nach einer Analyse des Untersuchungsraumes per EDV als GIS-basierte Anwendung der Kriterien erfolgt der Hauptschritt: Die vom Computer ermittelten Vorschläge für organisatorisch und betriebswirtschaftlich günstige Abfuhrbezirke in der Bioabfallwirtschaft werden diskutiert. Die Einschätzung von Räumen wird bei dieser Methode durch den Expertensystem-Ansatz des eingesetzten GIS so unterstützt, daß verschiedene Varianten und Kriterien verglichen werden können. Die Entscheidungsfindung in einer Expertenrunde (Kommunalverwaltung, Gutachterbüro) wird dadurch erleichtert.

Eine Beispiel-Anwendung: Biotonnen für das Saarland

Eine Anwendung der Methode wurde am Beispiel des Saarlandes erprobt. Die Thematik der Bioabfallwirtschaft hat im Saarland eine besondere Bedeutung, da in der Vergangenheit schwerwiegende Probleme im Bereich der Abfallentsorgung offensichtlich wurden und die Einführung der Biotonne bisher (Stand: Frühjahr 1993) gescheitert ist.

Aus zwei Quellen entstammt die Datengrundlage für die Beispielanwendung: Zugegriffen wurde zum einen auf die Daten aus der Volkszählung von 1987 für die statistischen Gebiete (Gemeindeteile) des Saarlandes; zum anderen standen die Flächennutzungsdaten der Katasterverwaltung für die 408 Gemarkungen des Saarlandes zur Verfügung.

Der Bezugsraum der beiden Datenquellen mit Gemarkungen und Gemeindeteilen ist jedoch nicht in allen Fällen deckungsgleich. Zur vergleichbaren Visualisierung der Daten in Kartogrammen mußte eine neue gemeinsame Grundkarte der Verwaltungsgrenzen geschaffen werden, die es erstmals ermöglichte, in einer Planungsgrundlage für das Saarland sowohl Kataster- als auch Statistikdaten in ihrer räumlichen Ausprägung gemeinsam computerkartographisch darzustellen.

Es ist so eine neue Gliederung der Gebietskörperschaften auf der Basis von 365 Gemeindeteilen - quasi als Abfallprodukt der Diplomarbeit - entstanden. Das folgende Beispiel zeigt eine solche Verknüpfung mit einer bis zu Gemeindeteilen bzw. Gemarkungen scharfen Darstellung der statistischen Daten aus der Volkszählung von 1987 und den Flächennutzungsdaten aus der Finanzverwaltung mit Bezugsjahr 1988.

Mehrere Kartogramme wurden auf Basis dieses angepaßten Zuschnitts der Gemeindeteilgrenzen für die erarbeiteten Kriterien zur Biotonnen-Eignung erstellt. Sie dienten als Grundlage für den im folgenden Text skizzierten Expertensystemansatz.

Das GIS-Modul GINFER als geographisches Experteninformationssystem in GRASS

Die statistische Aufarbeitung und die Computerkartographie erfolgte unter Einsatz der Software ATLAS*Graphics sowie des Digitalisierprogramms CARTIER (weitere Daten im Anhang). Die Karten wurden mit Hilfe des GIS-Produktes IDRISI vom Vektorformat aus ATLAS*Graphics in ein Rasterformat umgewandelt und für den Expertensystemansatz aufbereitet.

Für den expertensystemähnlichen Abfrageprozeß wird das Modul GINFER der Software GRASS (*Geographical Resources Analysis Support System*) eingesetzt. GRASS ist ein umfangreiches und überwiegend rasterbasiertes GIS, welches vom *United States Army Construction and Engineering Research Laboratory* entwickelt wurde und als Public-Domain-Produkt - also kostenlos - zur Verfügung steht.

Die Software kann als C-Quellcode über email-Netze abgerufen werden; gegen geringes Honorar wird sie in kompilierter Form angepaßt für verschiedene UNIX-Workstations und DOS-PC von einigen Unternehmen (siehe Anhang) angeboten.

Das GRASS-Modul GINFER erlaubt eine schnelle Analyse eines umfangreichen Sets von kartographierten Daten ("Wissensbasis"), die gemäß von zu etablierenden Regeln ähnlich dem Arbeitsprinzip einer Inferenzmaschine von Expertensystemen abgefragt werden. Das Ergebnis stellt sich in Form einer Synthese-Karte dar (siehe Abbildung 2).

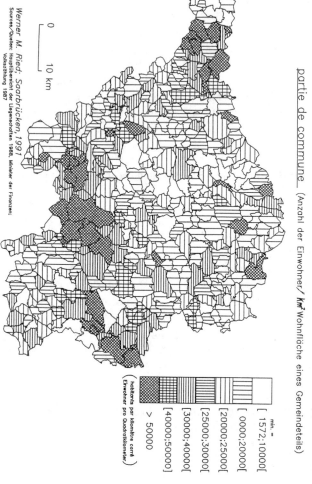

Saarland: densité de population par kilomètre carré de la surface habitée dans une partie de commune. (Anzahl der Einwohner/ km² Wohnfläche eines Gemeindeteils)

habitants par kilomètre carré
(Einwohner pro Quadratkilometer)

> 50000
[40000;50000]
[30000;40000[
[25000;30000[
[20000;25000[
[0000;20000[
[1572;10000[
min. =

0   10 km

Werner M. Ried, Saarbrücken, 1991
Sources/Quellen: Hauptübersicht der Liegenschaften 1988, Minister der Finanzen; Volkszählung 1987

Abbildung 1:   Kartogramm zur Anzahl der Einwohner pro km² Wohnfläche in den saarländischen Gemeindeteilen

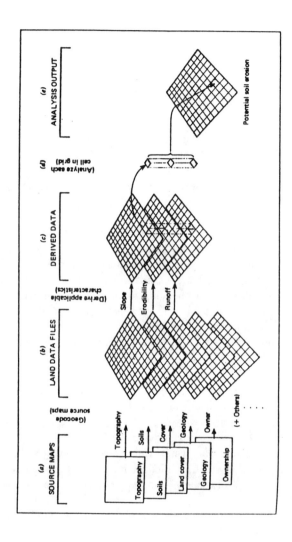

Abbildung 2: Analog zum Beispiel aus der physischen Geographie werden für die Standraumoptimierung für Biotonnen die Quelldaten (a) zu Rasterkarten (b) aufgearbeitet und in mehreren Abfrage- bzw. Verschneidungsprozeduren (c/d) zur Ergebniskarte (e) synthetisiert (nach Lillesand und Kiefer 1987 aus ARONOFF 1989, S. 5, verändert).

Das folgende, vereinfachte Beispiel für die Umsetzung von Kriterien zur Standraumfindung in Regeln für das Expertensystem weist die spezielle Syntax für den Einsatz von GINFER auf.

IFMAP	Bevölkerungsdichte 7-9
ANDIFMAP	Wohndichte 0-3
ANDNOTMAP	Gartenanteil 50-100
THENMAPHYP 1	guter Standraum für Biotonnen

In diesem Beispiel wird die Konklusion "Guter Standraum für Biotonne" in der letzten Zeile des Beispiels genau dann erzeugt, wenn erfüllt ist, daß die Bevölkerungsdichte in den Klassen 7-9 (erste Zeile), die Wohndichte in den Klassen 0-3 (zweite Zeile) und der Gartenanteil nicht in den Klassen 50-100 (dritte Zeile) liegt. Die erzeugte Hypothese (letzte Zeile) wird in einer neuen Rasterkarte, der Synthese- oder Ergebniskarte, mit der Kategorie 1 dargestellt.

Nach diesem Prinzip können umfangreiche und auch ineinander verschachtelte Regeln aufgestellt werden, die beliebig viele Rasterbilder der Wissensbasis untersuchen und daraus eine neue Rasterkarte erstellen. Die Regeln sind beliebig variabel, so daß die Diskussion entsprechend unterschiedlicher Synthesekarten für eine Entscheidungsfindung ermöglicht wird.

Es handelt sich bei dieser Methode um eine Anwendungsform eines geographischem Experteninformationssystems, das aufgrund der vorliegenden Original C-Programme von GRASS problemlos erweitert und ergänzt werden kann.

Informationssysteme ohne Informationen

Die geographische Studie zeigt als weiteres Beispiel auf, daß umfangreiche Möglichkeiten der raumbezogenen Datenverarbeitung zur Verfügung stehen. Deren Einsatzmöglichkeiten relativieren sich jedoch durch die Verfügbarkeit der Daten. Sehr häufig besteht das Problem "Informationssysteme, aber keine Informationen" (RIED 1991b).

Durch die ÖKOFEP GmbH wurden zwischenzeitlich jedoch abfallwirtschaftliche Basisdaten ermittelt, die eine noch problemnähere Anwendung der Methodik aus der Diplomarbeit ermöglichen. Auf den alleinigen Einsatz von Volkszählungs- und Flächendaten, losgelöst von abfallwirtschaftlichen und sozio-demographischen Gegebenheiten, braucht nicht mehr länger zurückgegriffen werden. Grundlegende Daten konnten durch Untersuchungen mit Kontext zur raumbezogenen Datenverarbeitung gewonnen werden.

Gerechte Müllgebühren

Ein Bundesforschungsvorhaben beim Kommunalen Abfallentsorgungsverband Saar (KABV) hat die Diskussion unterschiedlicher Berechnungsformen der Müllgebühren zum Gegenstand. Dabei werden von der ÖKOFEP GmbH verschiedene Abfallproduktionsräume im Saarland untersucht.

Das Hauptziel ist festzustellen, welche Auswirkungen unterschiedliche Gebührensysteme (Staffelungs- und Erhebungsarten) auf das Verhalten der betroffenen Bürger bezüglich ihrer Abfallproduktion haben. Grundlegende Daten zur Beurteilung von Räumen bezüglich des Abfallaufkommens nach Menge und Zusammensetzung werden dabei gewonnen.

Die Basis für diese abfallwirtschaftliche Raumanalyse bildet im saarländischen Gebührenversuch eine Technik, die es erlaubt, Müllgefäße zu identifizieren und gegebenenfalls einzeln zu verwiegen. Dazu wurden in Teilen der Gemeinden Bous, Quierschied und Saarbrücken knapp 2500 Müllgefäße mit elektronischen Nummern ausgerüstet.

Ein umgerüstetes Abfuhrfahrzeug ist in der Lage, diese Nummern zu lesen und ihnen in einem Computer das Gewicht des zu entleerenden Gefäßes beim Entladevorgang zuzuordnen. Die ermittelten Daten werden zunächst im Abfuhrfahrzeug zwischengespeichert und dann in eine Datenbank auf einen Personalcomputer übertragen.

Jeder Nummer entspricht ein Hauseigentümer. Ihm können so die Müllgebühren entweder nach Gewicht oder Bereitstellungsrate berechnet werden. Dank moderner GIS-Software (z.B. ATLAS*GIS) kann die Adreßverwaltung mit ihrem eindeutigen Raumbezug kartographisch dargestellt werden.

EDV-gestützte Abfallwirtschaftskonzepte

Durch die erhobenen Daten können aber auch "abfallintensive" Räume, d.h. Gebiete mit hohem Abfallaufkommen, von anderen unterschieden werden. Die Thematik der Einschätzung von Abfallwirtschafts-Räumen, orientiert am Abfallaufkommen, gewinnt im Rahmen der Abfallwirtschaftskonzepte immer mehr an Bedeutung. Obgleich die im Februar 1993 verabschiedete TA Siedlungsabfall die Erstellung von integrierten Abfallwirtschaftskonzepten nun doch nicht vorsieht - die Ländervertreter haben das Kapitel in letzter Minute gestrichen -, wird es zur freiwilligen Erarbeitung von Abfallwirtschaftskonzepten kommen müssen. Deren Ziel ist u.a. das Herbeiführen von "abfallarmen Territorien", ein Schlüsselbegriff, der bereits zu Beginn der neunziger Jahre geprägt war (STREHZ 1991).

Im Rahmen der Erarbeitung und Fortschreibung solcher Abfallwirtschaftskonzepte ist die visuelle Aufarbeitung von flächendeckend in einem Raum erfaßten Daten zweckmäßig. Die computerkartographischen Methoden eines GIS mit entsprechenden Datenbankoperationen (Datenaggregation zu Häuserblöcken, Stadtvierteln oder Gemeindeteilen) erlauben, schnell auf einer Karte die regionale Müllproduktion zu überblicken und dabei die Bezugsräume der Darstellung zu variieren. Durch diese Darstellungs- und Simulationsmöglichkeiten wird eine Entscheidungsfindung für Entsorgungsmaßnahmen erleichtert.

Ein weiterer Vorteil besteht im Rahmen der Öffentlichkeitsarbeit, da sich durch die Darstellungstechnik Möglichkeiten für die gewünschte Nachvollziehbarkeit von Entscheidungen über abfallwirtschaftliche Maßnahmen eröffnen. Dem Bürger kann ein hohes Maß an Transparenz geboten werden, was vor dem Hintergrund der seit 1.1.93 gültigen EG-Richtlinie zum freien Zugang zu Umweltinformationen eine besondere Bedeutung erlangt.

Unter diesen Prämissen hat die ÖKOFEP GmbH Vorbereitungen zur Entwicklung EDV-basierter Abfallwirtschaftkonzepte getroffen. Anvisiert werden methodische Ansätze, die aufgrund der Transparenz zur Akzeptanzsteigerung von abfallwirtschaftlichen Maßnahmen führen und dabei den Dialog zwischen zuständigen Verwaltungen und den betroffenen Bürgern öffnen.

Standortsuche für Entsorgungsanlagen durch GIS-Overlay-Technik und Schwerpunktanalysen

Eine Standard-GIS-Anwendung ist das Übereinanderlagern von Karten, was neudeutsch als Overlay-Technik bezeichnet wird (siehe Abbildung 2). Das Beispiel der expertensystemorientierten Methodik für die standraumoptimierte Einführung der Biotonne hat sich letztendlich nur dieses Prinzips bedient, wenn auch in komplexerer Form.

Einfache und häufigere Anwendungen des Overlayprinzips dienen in Kombination mit computererzeugten Abstandszonen (Pufferbildung z.B. als Korridore um Verkehrswege) der Standortsuche für Abfallentsorgungsanlagen wie Deponien, Kompostierplätze und Sortieranlagen für die DSD GmbH.

Oftmals tritt bei den zugehörigen Raumanalysen die Frage des Schwerpunktes der Abfallproduktion auf. Eine Antwort darauf ist durch Berechnung der Schwerpunkte in einem GIS-Modul "Centro" möglich. Auf Basis der sozio-demographischen Erhebungen und (wenn möglich) unter Einsatz von Daten zum Abfallaufkommen kann so die räumliche Schwerpunktbildung der Abfallproduktion ermittelt werden. Der Schwerpunkt nähert sich unter verkehrstechnischen und wirtschaftlichen Aspekten einem optimalen Standort für eine Entsorgungsanlage an.

Fazit

Wie die vorgenannten Beispiele zeigen, ist die raumbezogene Datenverarbeitung, speziell der Einsatz von GIS, auch im Bereich der Abfallwirtschaft von wachsender Bedeutung. Die mit einem GIS analysierten und aufbereiteten Raumdaten sind für die seriöse Umweltvorsorge - dazu gehört eine geregelte Entsorgungswirtschaft - inzwischen eine wichtige Entscheidungsgrundlage geworden.

Dennoch werden auch die mit Hilfe der raumbezogenen Datenverarbeitung erstellten Gutachten nicht mehr als "Abwägungsmaterial" im juristischen und politischen Kontext bleiben. Aber Expertenrunden und Wissenschaft werden sich davon nicht entmutigen lassen.

Literatur

Aronoff, Stan (1989): Geographic Information Systems: A Management Perspective, Ottawa.

Dimpl von Lossau, Elmar / Krauss, Martin / Neidhardt, Rolf (1992): Bioabfallkompostierung vorrangige Abfallverwertung; in: Schriftenreihe für Natur und Umweltschutz, Heft 8, BUND Hessen (Hg.), Frankfurt.

Gouhier, Jean / Trebouet, A. / Pervalet, P. (1979): Déchets et espace géographique; Départements de Géographie de l'Université de Caen et de l'Université du Maine.

Geppert, Bernhard (1986): Tourenplanung bei der innerstädtischen Hausmüllentsorgung; (Dissertation); in: Schriftenreihe des Instituts für Siedlungswasserbau und Wasserwirtschaft Karlsruhe, Bd. 48; Karlsruhe; 1987.

ÖKOFEP GmbH, Hg. (1989): Konzept für die gebietsspezifische Einführung für die Biotonne im Saarland; Studie im Auftrag des Kommunalen Abfallentsorgungsverbandes Saar (KABV); Saarbrücken; unveröffentlicht.

Rautenberg, T. (1991): Standortfindung und Standortrealisierung am praktischen Beispiel des Umlandverbandes Frankfurt; in: WIEMER /KERN,
Hg. (1991), S. 121 - 148; Kassel.

Ried, W. M. (1991a): Le système biopoubelley / poubelle verte - améliora-
tion de sa localisation selon la structure d'habitat et méthodes d'aide á la
décision assistées par ordinateur: l'exemple de la région sarroise;
(Diplomarbeit / mémoire de maîtrise), Département de Géographie,
Université de Metz, Metz, unveröffentlicht.

Ried, W. M. (1991b): Siedlungsadäquate Einführung der Biotonne: Problem-
analyse und geoinformatische Hilfsmethoden; in: Abfallwirtschaft in
Forschung und Praxis, Bd. 44, S. 131-139, Berlin.

Strehz, J. R. (1991): DESSTERR - ein Entscheidungsberatungssystem zur
Gestaltung abfallarmer Territorien; in: Abfallwirtschaft in Forschung
und Praxis, Bd. 44, S. 51-71, Berlin.

Tikunov, V. S. (1990): Recherches dans le domaine de l'intelligences arti-
ficielle et systèmes experts en géographie; Moskau; 1990.

USACERL, U.S. Army Construction Engineering Research Laboratory
(1988): GRASS Tutorial: GINFER; Champaign, Illinois (USA).

USACERL, U.S. Army Construction Engineering Research Laboratory
(1989a): GRASS 3.0 Programmer's Manual; USACERL ADP Report,
vol. N 89/14; Champaign, Illinois (USA).

Wiemer, K. / KERN, M. (Hg.) (1991): Bioabfallkompostierung; Veröffentlichungen des Fachgebietes Abfallwirtschaft und Recycling in der Universität Kassel, Bd. 6; Kassel.

Anhang: Überblick über eingesetzte GIS-Produkte

ATLAS Graphics, Kartographie-Software; Strategic Locations Planning Inc.; San José; California (USA) mit Zusatzmodul: IMPORT/EXPORT Utility. Die Nachfolgeprodukte "Atlas*Pro" und "Atlas*Gis" sind erhältlich bei GEOSPACE GmbH, Siemensstraße 8, 5300 Bonn.

CARTIER, Digitalisierprogramm von HÉBERT, Denis / RAVENEAU, Jean / DUGAL, Yves; Département de Géographie; Université Laval; Québec. Erhältlich beim LATIG der Université Laval, G1K 7P4 Sainte-Foy (Québec), Kanada.

GRASS, Geographical Resources Analysis Support System; USACERL (United States Army Construction Engineering Research Laboratory), Champaign, Illinois (USA). Erhältlich bei ECODATA GmbH, Altenkesseler Straße 17, 6600 Saarbrücken.

IDRISI, A grid Based Geographical Analysis System; von EASTMAN, Ronald; Clark University; Worcester; 1988. Erhältlich bei Geospace GmbH (s.o.) oder direkt bei der Graduate School of Geography, Clark University, Worcester, Massachusetts, USA.

Weiterhin wurde Standardsoftware zur Tabellenkalkulation und Datei-Edition benötigt. Die Bezugsquellen und weitere Informationen zu den Produkten können beim Verfasser erfragt werden.

Das Raumordnungskataster von Rheinland-Pfalz

Jens Carstensen

Die Plankartei, die als das Grundlagenkartenwerk für die Landes- und Regionalplanung angesehen werden kann, ist ein analog geführtes Kartenwerk im Maßstab 1 : 25.000, in dem alle raumbedeutsamen Planungen und Maßnahmen eingetragen sind (s. Abbildung 1). Raumbedeutsam sind wiederum solche Planungen und Maßnahmen, durch die Grund und Boden in Anspruch genommen oder die räumliche Entwicklung eines Gebietes beeinflußt werden. Nun kann eine Karte nur dann als Grundlage herangezogen werden, wenn sie "auf dem neuesten Stand", also aktuell ist. Damit ist zugleich eines der Kernprobleme dieses wichtigen Arbeitsinstrumentes angesprochen - die Laufendhaltung und Fortführung, nicht nur abhängig von der Zulieferung planerischer Informationen, sondern auch von deren technischen Verarbeitung, d.h. Einarbeitung in das Kartenwerk selbst. Geradezu verhängnisvoll kann es werden, wenn planerische Entscheidungen ohne die Inanspruchnahme eines Bestandskartenwerks über die verplanten und disponiblen Flächen, die planungs- und bauplanungsrechtlichen Zuordnungen vorbereitet werden. Parallel zu den graphischen Inhalten wird das sogenannte Verzeichnis der Kartierungen geführt, in dem alle Eintragungen mit einer laufenden Nummer entsprechend der Kartierung aufgelistet sind und weitergehende Informationen, wie Art der Eintragung, Aktenzeichen oder Planungsstand festgehalten werden. Diese Eintragungen werden bei den oberen Landesplanungsbehörden des Landes vorgenommen und in bestimmten Zeitabständen an die oberste Landesplanungsbehörde zur Zusammenführung für das ganze Land sowie zur Überprüfung und Abstimmung in Ablichtung zugeleitet. Dieses analoge Kartenwerk liegt zu 99 % für das Land Rheinland-Pfalz vor. Im Jahre 1986 fiel die Entscheidung, diese analoge Plankartei mit Hilfe der graphischen Datenverarbeitung zu automatisieren, um ein umfangreiches Raumordnungs- und Raumplanungskataster aufzubauen, das, bezogen auf seinen Inhalt und sein Detailliertheit, weit über den Inhalt der analogen Plankartei hinausgehen sollte.

Für verbesserte Planungsgrundlagen im allgemeinen und rechnergestützte Informationssysteme und Flächenkataster im besonderen sprechen folgende fünf Gesichtspunkte:

1. Raumordnungs- und Raumplanungskataster sind zunächst einmal erforderlich, um rechtlich eindeutige und planungssystematisch verwertbare Informationen über flächenbeanspruchende und raumbeeinflussende

Raumbezogene Informationssysteme in der Anwendung
hrsg. im Auftrag des Deutschen Verbandes für Angewandte Geographie von Peter Moll
in Material zur Angewandten Geographie (MAG), Band 23, Bonn 1995

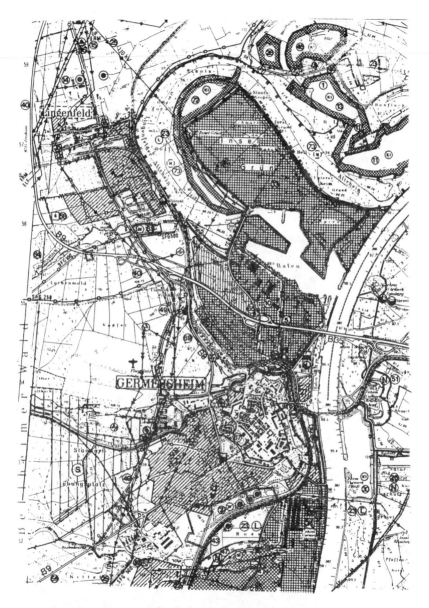

Abb. 1: Grundlagenkartenwerk für die Landes- und Regionalplanung, Maßstab 1 : 25.000

Planungen und Maßnahmen und die damit zusammenhängenden Wirkungen zu gewährleisten; zur Planungsfunktion derartiger Kataster gehören aktualisierte Nutzungsangaben in Zustand und Planung, und zwar jeweils für die reale und geplante Nutzung und deren Nachweis nach Lage, Form, Größe und Klassifizierung.

2. Die zunehmende Komplexität und Kompliziertheit der Probleme und Problemzusammenhänge in einer hochindustrialisierten Gesellschaft führt zur wachsenden Störanfälligkeit der Teilsysteme und zunehmender Unübersichtlichkeit des Gesamtsystems. Hier können Kataster durch verbesserte Informationen, Ermittlung der Wirkungszusammenhänge und Offenlegung der Wirkungsverläufe die Koordinierungs- und Abstimmungsfunktion der räumlichen Planung entscheidend verbessern.

3. Raumordnungs- und Raumplanungskataster sind auch erforderlich, damit die räumliche Planung ihrer Vorsorgefunktion genügen kann. Flächenkataster sind Voraussetzung für Ressourcenschutz, Flächenbilanzierungen und Flächenhaushaltspolitik; vor allem die Frage des Landschaftsverbrauchs und der Freiraumsicherung sind ohne geeignete Flächendaten nicht problemgerecht zu behandeln. Insofern beinhalten Kataster nicht nur Ist-Zustände und Vorher-und Nachher-Vergleiche, sondern sind geradezu als "Frühwarnsysteme" geeignet.

4. Raumordnungs- und Raumplanungskataster sind in planungsmethodischer Hinsicht erforderlich, weil nur auf diese Weise eine geeignete Abstimmungsgrundlage für Fach- und Einzelplanungen gegeben und eine angemessene Rechtssicherheit für Abwägungs-und Entscheidungsprozesse gewährleistet ist. Auch sind Prozeßhaftigkeit, Transparenz und damit Plausibilität für die räumliche Planung nur zu erreichen, wenn geeignete Kataster vorgehalten werden.

5. Rechnergestützte Raumordnungs- und Raumplanungskataster sind in arbeitsökonomischer Hinsicht erforderlich, weil nur so eine geeignete Informations- und Beurteilungsgrundlage bereitgestellt werden kann; die gestiegenen Anforderungen an Qualität und Effizienz von Planungsarbeiten sind bei verbessertem Preis-Leistungs-Verhältnis der Hardware, graphikfähigen Bildschirmen und intelligenter Software mittlerweile mit Hilfe eines interaktiven und benutzerfreundlichen graphischen Arbeitsplatzes auch ausreichend auf PC-Ebene zu erfüllen.

Nachdem in Rheinland-Pfalz - wie bereits erwähnt - 1986 die Entscheidung fiel, die Plankartei zu automatisieren und somit ein umfangreiches Raumordnungs- und Raumplanungskataster aufzubauen, fanden in den darauffolgenden 20 Monaten Übungs-, Schulungs-, Test- und Modellanwendungen statt. Im Februar 1988 gelang der Einstieg in die praxisorientierte An-

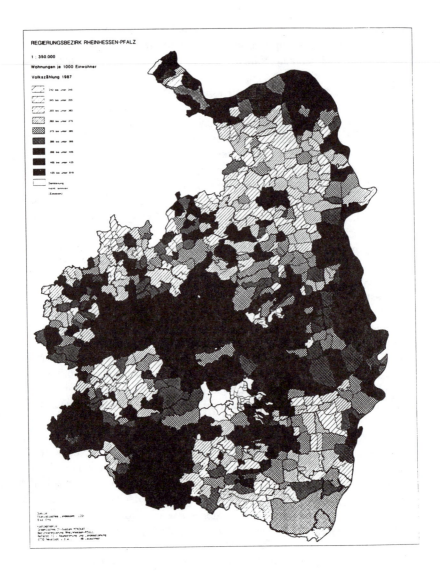

Abb. 2: Wohnungen je 1000 Einwohner

wendung. Heute, knapp fünf Jahre später, kann man mit Fug und Recht sagen, daß dieser Schritt ein richtiger war und sich die Vorteile, die man sich aufgrund eines automatisierten Katasters erhoffte, sehr wohl einstellten. Einschränkend sei hier allerdings bemerkt, daß der Aufbau der Datenbasis weit mehr Zeit in Anspruch nahm und nimmt, wie man es sich erhofft hat. Wir können heute feststellen, daß etwa ein Drittel aller geometrischer Informationen digital vorliegen, während das Verzeichnis der Kartierungen zu 100 % automatisiert geführt wird. In welcher Art und Weise wir in Zukunft noch schneller und effektiver an digitale Basisdaten herankommen, habe ich bereits in dem Punkt 5 meines Einführungsvortrages "Formen der Datenbeschaffung" erwähnt. Für die Praxis bleibt festzuhalten, daß die umfangreichen analytischen Aufgaben, die sehr wohl mit der Hard-und Software-Ausstattung möglich sind, sich auf wenige regionale Einzelauswertungen beschränken mangels flächendeckender Datenverfügbarkeit. Es bleibt weiterhin festzuhalten, daß der relativ reibungslose Aufbau des Raumordnungs- und Raumplanungskatasters von Rheinland-Pfalz zurückzuführen ist auf die im Vorfeld abgestimmten Hard- und Software-Konstellationen als auch aufgrund des konzeptionellen Gleichschritts bei den Landesplanungsbehörden.

Die über das Raumordnungskataster hinausgehenden Anwendungen des Geo-Informationssystems bei der obersten Landesplanungsbehörde Rheinland-Pfalz erfolgen im wesentlichen auf dem Gebiet der thematischen Kartierung, bei denen jeweils die aktuellsten statistischen Daten aus dem Landesinformationssystem, geführt beim Statistischen Landesamt Rheinland-Pfalz in Bad Ems, in das Geo-Informationssystem eingespeist werden. Die Basisgeometrie ist derzeit flächendeckend die Ebene der Verbandsgemeinden; es ist beabsichtigt, diese im Laufe des Jahres 1993 flächendeckend auf der Ebene der Ortsgemeinden zu führen (s. Abbildung 2).

Zusammenfassend ist festzustellen, daß die Arbeitstechniken des Geo-Informationssystemes beim Raumplanungs-und Raumordnungskataster Rheinland-Pfalz aufgrund der fehlenden flächendeckenden Basisdaten in Gänze noch nicht nutzbar sind, jedoch sektoral die Vorzüge der DV-Verwaltung und -Bearbeitung seit Einführung des automatisierten Raumplanungskatasters voll zur Geltung kommen.

Literatur

ARL: Raumordnungs- und Raumplanungskataster; Verfasser: H. Reiners; Hannover 1991.

FISCHER, K.: Raumordnungs- und Raumplanungskataster, In: Vermessungswesen und Raumordnung, 1988/Heft 2.

Erstellung von Kanalkatastern mit SICAD-KANAL

Arno Brück

Einleitung

Die VDS GmbH hat Kanalkataster für die Städte Neunkirchen und Völklingen erstellt. In beiden Fällen wurde das System SICAD der Firma Siemens eingesetzt.

In diesem Beitrag werden die verschiedenen Wege zur Erstellung eines Kanalkatasters, abhängig von den vorhandenen Daten und den gestellten Anforderungen, behandelt. Vertieft wird auf Schnittstellen zu Fremdprogrammen eingegangen, die Daten mit SICAD austauschen. Ebenso wird der automatische Datenfluß von der Feldaufnahme bis zum fertigen Bild und die Zwischenlösung GC-KANAL der VDS GmbH vorgestellt.

Voraussetzungen/vorhandene Daten

Trotz hoher Investitionen in den vergangenen Jahren befindet sich die Abwasserentsorgung in den alten Bundesländern noch längst nicht in einem zufriedenstellenden Zustand. Es wird geschätzt, daß ca. 90 % der Haushalte an die öffentliche Kanalisation angeschlossen sind; diese jedoch befindet sich in einem Umfang von ca. 20 % in einem schlechten Zustand. Versickerndes Abwasser bildet so eine erhebliche Gefahr für das Grundwasser. Die erforderlichen Sanierungskosten werden dabei allein in den alten Bundesländern auf über 60 Mrd. DM geschätzt (Quelle: Korresp. Abwasser, Heft 10/90, S. 1153).

Die immensen Probleme und Kosten, die in Zukunft auf Kanalnetzbetreiber zukommen, lassen sich nur noch mit EDV-gestützten Systemen bewältigen. Das Abwasser- oder Kanalkataster ist hierzu das adäquate Hilfsmittel; es dient zur Erfassung und Verwaltung aller relevanten Kanaldaten, wie sie in vereinfachter Form in Bild 1 dargestellt sind.

SICAD-KANAL ist ein von Siemens entwickeltes, leistungsfähiges Kanalinformationssystem, das sowohl Graphik- als auch Sachdaten in einer einzigen relationalen Datenbank verwaltet.

Zur Zeit ist diese Datenbank noch eine Eigenentwicklung der Firma Siemens. Es laufen jedoch Umstellungen auf ein kommerzielles und portables Datenbanksystem. Die Einschränkung auf das derzeitige Betriebssystem

Raumbezogene Informationssysteme in der Anwendung
hrsg. im Auftrag des Deutschen Verbandes für Angewandte Geographie von Peter Moll
in Material zur Angewandten Geographie (MAG), Band 23, Bonn 1995   53

Gemeinsame Datenhaltung

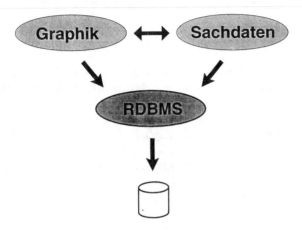

Getrennte Datenhaltung

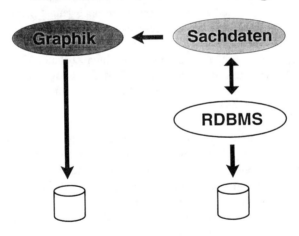

Abb. 1: Datenhaltungssysteme

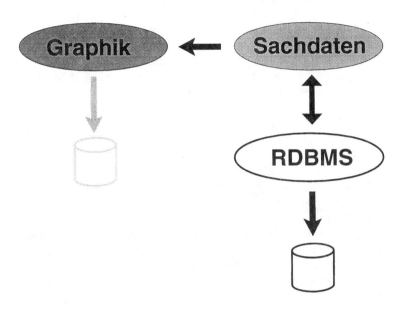

Abb. 2: Graphiksysteme

BS2000 wird dann entfallen. Die Abspeicherung aller Daten (Graphik- und Sachdaten) in einer einzigen Datenbank und der damit realisierte echte Multiuserbetrieb ist der momentane Trend bei Geographischen InformationsSystemen. Siemens hat diese Richtung bereits sehr früh erkannt (1984 mit Freigabe der GDB), mußte jedoch zu dem damaligen Zeitpunkt eine Datenbankeigenentwicklung durchführen, da keine der verfügbaren Systeme die gewünschten Leistungsmerkmale aufwiesen.

Mittlerweile verfügen fast alle DB-Systeme über Binary Large Objects (BLOBs), in denen (unter Umgehung der relationalen Philosophie) beliebige Strukturen (z.B. Bilder) abgespeichert werden können. Diese neuen Eigenschaften von Informix und ORACLE werden von SICAD/OPEN genutzt. Die Leistungsfähigkeit der restlichen Software bleibt erhalten.

Andere Graphiksysteme setzen getrennte Datenbanken zur Verwaltung von Graphik und Sachdaten ein.

Dies hat den Vorteil, daß unterschiedlichste Datenbanken relativ einfach an die Graphik angeschlossen werden können, aber auch den Nachteil, beide Datenbanken konsistent zu halten und zu sichern.

Eine dritte Variante - sie wird zum Abschluß betrachtet - bildet die generierte Graphik. Hier werden alle Daten komplett in einer relationalen Datenbank unter Beachtung der relationalen Struktur gehalten. Da RDB's in ihrer reinen Form nicht sonderlich gut zur Abspeicherung von Graphikdaten geeignet sind, wird die Zeichnungsinformation auf ein Minimum begrenzt.

Ein besonders guter Kandidat ist hier das Kanalkataster. Die Graphikinformation kann auf Schachtkoordinaten und deren Verbindungsinformation (Haltungen) begrenzt werden. Begünstigend kommt noch hinzu, daß die Haltungen i.d.R. zwei Schächte gradlinig verbinden, also Zwischenpunkte und Knicke nicht auftreten. Die gewünschten Sachinformationen machen die Masse der abzuspeichernden Daten aus. Diese Attribute lassen sich jedoch hervorragend in einer RDB abspeichern.

Der Weg, den die VDS GmbH beschritten hat, führt zu dem Ziel, minimale Graphikdaten mit Sachdaten zusammen in einer RDB zu verwalten. Wird Graphik benötigt, so wird sie aus den Sachdaten generiert.

Das Ergebnis ist das System GC-KANAL, eine reine alphanumerische Datenbank, die entweder als Zwischenlösung oder als Auskunftsstation betrieben werden kann.

Abwasserkataster

Mit der Neufassung des Saarl. Wassergesetzes vom 11.12.1989 wurden die Gemeinden verpflichtet, ein umfassendes Abwasserkataster bis spätestens zum 31.12.1992 zu erstellen.

Die Stadt Völklingen war eine der ersten saarländischen Kommunen, die nach einer intensiven Vorvergabephase ein solches Kataster im Juli 1990 der Arbeitsgemeinschaft WPW, Ber. Ing. und VDS, Gesellschaft für Vermessung, Digitalisierung und Softwareentwicklung mbH, in Auftrag gab. Da keine digital, direkt verwertbaren Daten vorlagen, wurde von Seiten der Stadt beschlossen, das komplette Kanalkataster gänzlich neu zu erstellen.

Die Stadt Neunkirchen war in einer besseren Situation. Es lag digital verwertbares Datenmaterial vor, das durch Aufarbeitungsprogramme in die gewünschte Form gebracht werden konnte.

In beiden Fällen wurde SICAD-KANAL als Informationssystem eingesetzt. In Neunkirchen war SICAD bereits vorhanden; in Völklingen wurde SICAD in Zusammenarbeit mit den Stadtwerken angeschafft.

Speziell für Gemeinden, für die die Anschaffung von SICAD-KANAL wirtschaftlich nicht zu vertreten wäre oder die momentan sich noch nicht für ein großes Graphiksystem entscheiden möchten, hat die VDS GmbH als weiteren Weg das System GC-KANAL entwickelt. Dieser Weg wird von uns immer dann empfohlen, wenn einer der beiden o.g. Punkte zutrifft.

Vorgehensweise der Stadt Völklingen

In Völklingen haben sich sowohl Stadt als auch Stadtwerke für das System SICAD der Firma Siemens entschieden. In enger Kooperation mit dem Stadtvermessungsamt, Katasteramt und Landesvermessungsamt wird parallel zum Kanalkataster die digitale Stadtgrundkarte erstellt. Bei der Erstellung der Stadtgrundkarte gab es zwischen dem Stadtvermessungsamt und dem Landesvermessungsamt eine Arbeitsteilung zu je 50 %.

Zur Erstellung des Kanalkatasters wurde zunächst das Pilotprojekt "Sonnenhügel" durchgeführt. Dabei handelt es sich um eine kleine Wohnsiedlung am Nordrand der Stadt, deren Grundkataster in digitaler Form bereits vorlag.

Da auf keine digitalen Daten zurückgegriffen werden konnte, wurden alle Kanalschächte lage- und höhenmäßig aufgemessen und per automatischem Datenfluß in SICAD eingespielt. Mit Hilfe dieser Punkteplots wurde die tiefbautechnische Untersuchung der Schacht- und Sonderbauwerke durchgeführt. Um alle relevanten Zustandsdaten aufzunehmen, wurde ein Formblatt entwickelt, das an das Formblatt des Abwasserverbandes Saar (AVS) angelehnt ist. Die mit diesem Schachtblatt gesammelten Informationen wurden in die Kanaldatenbank eingegeben. Des weiteren erfolgte eine Vervollständigung der Punkteplots durch Eintragung der Haltungen. Diese Verbindungsinformation wurde anschließend abdigitalisiert. Aus den eingetragenen alphanumerischen Informationen und den Bestandsplänen entstanden Zeichnungen für alle Schächte. Diese Schachtzeichnungen weisen einen relativ hohen Detaillierungsgrad auf und sind dementsprechend schwierig zu erstellen. Mit Hilfe des Programmsystems SICAD-KANAL sind die alphanumerischen Informationen in der Datenbank, die einzelnen Schachtzeichnungen und der Bestandsplan miteinander verbunden. So können z.b. durch Anklicken eines Schachtes entweder die alphanumerische Information am Bildschirm angezeigt oder die Schachtzeichnung dargestellt werden.

Die im Bestandsplan vorhandene Information wurde genutzt, um dem Videoverfilmungsunternehmen Pläne an die Hand zu geben, mit deren Hilfe das Kanalnetz genauestens untersucht werden konnte. Neu aufgefundene, verdeckte Schächte wurden in den Bestandsplan eingearbeitet; das Ergebnis der Videoverfilmung floß in die alphanumerische Datenbank ein und kann hieraus als Graphikinformation extrahiert werden.

Die Informationen aus der alphanumerischen Datenbank und dem Bestandsplan wurden anschließend zur Durchführung von hydraulischen Berechnungen ausgelagert und über Schnittstellen an Berechnungsprogramme übergeben. Die Ergebnisse der Berechnungsprogramme werden in Form von alphanumerischen Informationen wiederum in der Datenbank abgelegt. Die Längsschnitte aus den Hydraulikprogrammen werden als Graphikattribut innerhalb von SICAD abgelegt. Festgestellte, hydraulische oder bautechnische Mängel führen zu einer Sanierungsstrategie, die ebenfalls in die Sachdaten und Bestandspläne einfließen.

Als Beispiele hier noch einige Zeichnungen und Pläne, wie sie als Ergebnis des Projektes Völklingen entstanden sind:

1. Schachtzeichnung, wie sie anhand des Bestandsplanes und des Schachtblattes erzeugt wurde.

2. Ausschnitt aus einem Bestandsplan mit der digitalen Katasterkarte als Hintergrund.

Eine ähnliche Ausgabe wird auch durch das Kanalinformationssystem der Stadt Neunkirchen erzeugt. Der Weg dorthin ist jedoch ein anderer.

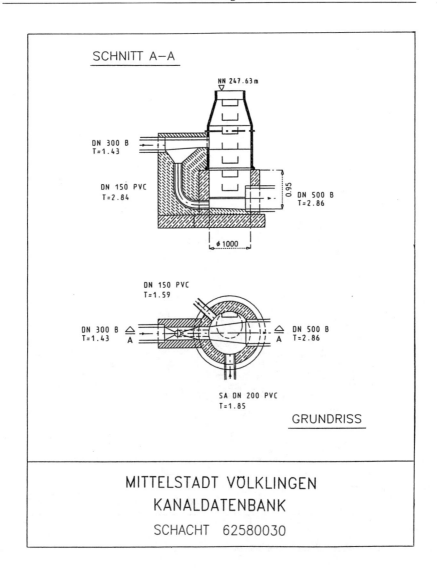

Abb. 3: Beispiel Stadt Völklingen

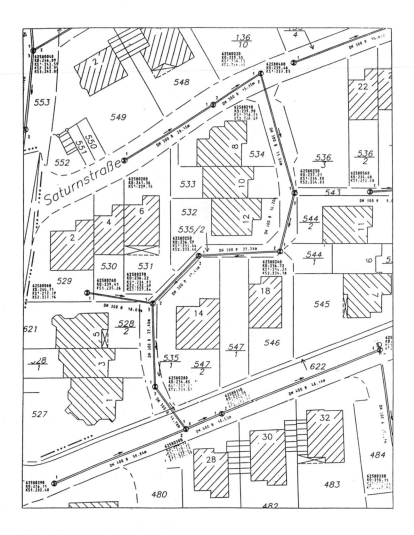

Abb. 4: Beispiel Stadt Neunkirchen

Vorgehensweise der Stadt Neunkirchen

Im Fall der Stadt Neunkirchen lagen bereits digital verwertbare Grundlagen vor. Die Schachtdeckelkoordinaten liegen als terrestrisch vermessene Punkte vor. Aus einer vor nicht allzulanger Zeit durchgeführten hydraulischen Berechnung konnten die Haltungsinformationen extrahiert werden. Tiefbautechnische Untersuchungen lagen bereits in Form von Schachtblättern vor.

Bereits vorhandene Verfilmungsergebnisse mußten lediglich überarbeitet werden, um die gewünschten Informationen, insbesondere die Schadenskürzel mit den dazugehörigen Längenangaben, zu ermitteln.

Das Projekt Kanalkataster Neunkirchen entwickelte sich so hauptsächlich zu einem Datenmanagement-Problem. Es mußten mehrere Schnittstellen erzeugt werden, die die Daten aus den unterschiedlichsten Formaten in die von der Stadt Neunkirchen gewünschte Form brachten. Auch hier blieb es natürlich auch nicht erspart, daß Daten, die nur auf analogen Datenträgern vorlagen, händisch erfaßt werden mußten.

Die Ergebnisse aus dem soeben beschriebenen Vorgehen sind analog denen der Stadt Völklingen. Hier wurde das Ziel jedoch durch die geschickte Verknüpfung bereits vorhandener, digitaler Daten erreicht.

Ein erwähnenswerter Unterschied besteht in den Ausgestaltungen der Schachtblätter. In Neunkirchen wurde auf die detaillierte Darstellung der einzelnen Schächte verzichtet; es wurde pro Schacht ein digitales Schachtblatt erzeugt, das alle Informationen des analogen Schachtblattes enthält und dessen Graphik zu einem sehr hohen Prozentsatz aus den Sachdaten abgeleitet werden kann. Die restlichen Graphikausgaben sind mit den vorher vorgestellten vergleichbar.

Vorgehensweise mit GC-Kanal

Das System GC-KANAL, entwickelt von der VDS GmbH, basiert auf dem relationalen PC-Datenbanksystem PARADOX. Es ist ein reines alphanumerisches Datenbanksystem, aus dem jedoch Graphik abgeleitet werden kann. Dieses System kann als preiswerte Auskunftsstation für ein größeres, nachgeschaltetes Kanalinformationssystem dienen oder als Übergangslösung für ein später anzuschaffendes Informationssystem.

Da der Hardware-Preisverfall in den nächsten Jahren vermutlich anhalten wird und die Software sowohl leistungsfähiger als auch bedienerfreundlicher wird, ist die Entscheidung für ein Informationssystem zum jetzigen Zeitpunkt

KANALINFORMATIONSSYSTEM

1. BESTANDSDATEN

- Kanäle
- Schächte
- Sonderbauwerke
- seitliche Anschlüsse
- Ausläufe, Anschlüsse
  an Fremdnetze etc.

2. SACHINFORMATION

HYDRAULISCHE DATEN	ZUSTANDSDATEN	VERMÖGENSDATEN	EINLEITERDATEN
- vorh. Abflußver- hältnisse - vorh. Überlastungen	- vorh. Schäden - Klassifizierung nach Sanierungsprioritäten	- Wert der einzelnen Kanäle, Schächte - Sonderbauwerke etc.	- Direkteinleiter - Indirekteinleiter
- Sanierungs- aktivitäten	- Sanierungsart - Sanierungskosten		

3. FINANZPLANUNG

- mittelfristige
  Finanzierungspläne
  zur Beseitigung
  vorhandener Mängel

Abb. 5: Kanalinformationssystem

schwer zu fällen. Ob diese Entscheidung in Zukunft einfacher wird, kann hier natürlich nicht vorausgesagt werden.

Durch moderne Meßverfahren sowohl bei der terrestrischen Vermessung als auch bei der Videoverfilmung fallen unweigerlich digitale Daten an. Aus unserer Sicht ist es also nur logisch, diese Daten in einem preiswerten Kanaldatenbanksystem bis zu einer Entscheidung für ein geographisches Informationssystem zwischenzuspeichern. Aus dem Informationssystem sollten möglichst alle Graphiken auf eine einfache Weise erzeugbar sein.

Um den Erfordernissen des saarländischen Abwassergesetzes zu genügen, werden u.a. Bestandspläne gefordert. Aber nicht nur diese Bestandspläne, auch das vorher schon erwähnte digitale Schachtblatt und Längsschnitte lassen sich aus den in GC-KANAL gespeicherten Daten ableiten.

Neben technischen Plänen und Zeichnungen können auch Business-Graphiken aus dem System mit geringem Aufwand erzeugt werden.

- Bestandsplan
- digitales Schachtblatt
- Längsschnitt
- Business-Graphiken

Als Beispiele folgen einige erzeugte Graphiken:

1. Automatisch erzeugter Netzplan.
2. Zustand der Kanalhaltungen.

Durch die bereits vorhandenen Schnittstellen, z.B. mit SICAD-KANAL, können Daten bidirektional zwischen einem großen Informationssystem und GC-KANAL ausgetauscht werden. Somit ist GC-KANAL auch als Auskunftssytem vor Ort für den Sachbearbeiter einsetzbar und nicht nur als Lückenbüßer für ein großes EDV-System zu verwenden.

Ebenso ist es denkbar, daß Gemeinden, bei denen ein Geoinformationssystem aus Kostengründen nicht zum Einsatz kommen kann, die Daten in einer "Datenzentrale" auf einem Geoinformationssystem vorhält und jeweils Aktualisierungen an dieses Informationssystem schickt bzw. empfängt und lokal immer auf aktuelle, digitale Daten zugreifen kann.

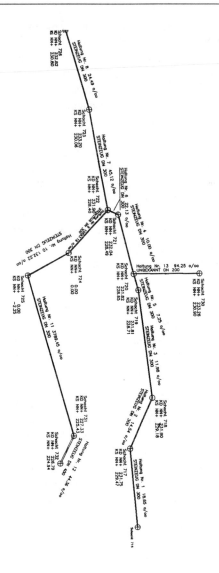

Abb. 6: Automatisch erzeugter Netzplan

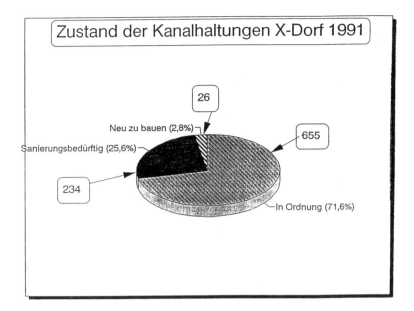

Abb. 7: Zustand der Kanalhaltung

Zusammenfassung

An drei verschiedenen Beispielen wurde gezeigt, wie ein Kanalinformationssystem aufgebaut werden kann. Bei den Beispielen aus den Städten
Völklingen und Neunkirchen wurde aufgezeigt, wie bei gleicher Hard- und
Software durch das Vorhandensein oder Nichtvorhandensein digitaler Daten
der Weg zu einem Kanalinformationssystem durchaus differieren kann.

Bei der Erstellung eines Kanalinformationssystems über GC-KANAL führt
der Weg entweder über eine Zwischenlösung und anschließende Installation
eines Geo-Informationssystems oder über GC-KANAL mit Anschluß an eine
Datenzentrale zum gleichen Ziel.

Der Einsatz von GC-KANAL als Stand-alone-System, mündet in ein ande-
res Ergebnis, das jedoch für kleinere und mittlere Gemeinden durchaus ausreichend sein kann.

GDV - Einsatz in einem Fernversorgungsunternehmen - Digitale Dokumentation des Hochdruck-Gasleitungsnetzes der Saar Ferngas

Albert Lamprecht

Vorbemerkung

Viele Versorgungsunternehmen nutzen bereits die Möglichkeiten moderner Datenverarbeitungstechnik und stellen ihre bislang manuell geführte Leitungsdokumentation (Planwerke, Karteien, Archive) mit Hilfe der graphischen Datenverarbeitung auf digitale Informationsverfahren um. In der Regel handelt es sich bei diesen Unternehmen um kommunale Verteilerwerke und Mehrspartenunternehmen mit räumlich begrenzten, flächendeckenden Ver- und Entsorgungssystemen.

Bei den Betreibern von Fernleitungsnetzen ist diese Technik derzeit noch sehr wenig verbreitet. Die Gründe hierfür liegen in dem erheblichen Aufwand, der für die Beschaffung und Digitalisierung der Plangrundlagen (Kataster und Topographie) erforderlich ist. Aufgrund der großen räumlichen Ausdehnung der Leitungsnetze und der regionalen Verteilung der Leitungen orientiert sich die Lage der Pläne bei Fernleitungen am Verlauf der jeweiligen Leitungstrasse. Hierdurch ist eine erheblich größere Fläche an Kataster- und Topographiesituation in den Plänen darzustellen als dies bei flächendeckenden Netzen erforderlich ist. Zudem können die Grundpläne in aller Regel nur für die Dokumentation einer Leitung verwendet werden. Da die Leitungstrassen darüber hinaus überwiegend außerhalb der Ortslagen verlaufen, sind Kooperationen mit Kommunen und anderen Leitungsbetreibern, die es erlauben, durch gemeinsame Nutzung der Grundplandaten den Erfassungsaufwand zu reduzieren, nur selten möglich.

Deutlich wird dieses Problem, wenn man die Netzlängen der Saar Ferngas und die zu deren Dokumentation erforderliche Grundplanfläche mit den entsprechenden Werten des größten kommunalen Versorgungsunternehmen im Saarland vergleicht:

Raumbezogene Informationssysteme in der Anwendung
hrsg. im Auftrag des Deutschen Verbandes für Angewandte Geographie von Peter Moll
in Material zur Angewandten Geographie (MAG), Band 23, Bonn 1995   67

Saar Ferngas: Netzlänge der Hochdruck-Gasfernleitungen ca. 1 500 km
zur Dokumentation erforderliche Grund
fläche (Breite ca. 140 m)   ca.   200 km

Versorgungsunternehmen: Netzfläche Gas, Wasser, Strom,
Fernwärme   ca. 4 000 km²
Grundplanfläche (in Kooperation mit dem
Stadtvermessungsamt erstellt)   ca.   100 km²

Dieser bewußt grob gehaltene Vergleich zeigt, daß der Erfassungsaufwand für die Grundplandaten zwischen Fernleitungsnetz und kommunalen Leitungsnetzen im Verhältnis von ca. 5 : 1 liegt. Hieraus erklärt sich u. a. die Zurückhaltung bei den Fernleitungsbetreiben bei der Einführung digitaler, graphikorientierter Dokumentationstechniken.

Daß sich Saar Ferngas Anfang der 80er Jahre dazu entschloß, trotz dieses hohen Aufwands graphische Datenverarbeitung einzuführen, liegt vorwiegend in der historischen Entwicklung des Leitungsnetzes begründet und dem damit verbundenen Stand der Leitungsdokumentation.

1. Ausgangssituation

Saar Ferngas ist als überregionales Gasversorgungsunternehmen im Saarland und in Teilen von Rheinland-Pfalz tätig. Über ein Hochdruckleitungsnetz werden die Ortsgasnetze der Tochtergesellschaften Pfalzgas und Südwestgas (zusammen derzeit 79 Ortsgasnetze) sowie ca. 50 weitere Gasversorgungsunternehmen und eine Vielzahl von Industriebetrieben beliefert. Die Gasabgabe betrug 1991 ca. 44 Mrd. kWh.

Das Unternehmen wurde 1929 gegründet. Die Aufgabe des Unternehmens war die Aufbereitung und die Vermarktung der überschüssigen Gasmengen, die in den Kokereien der saarländischen Hüttenindustrie anfielen. Vorrangiges Ziel war damals die Gasversorgung der Industrie. Die Belieferung der chemischen Industrie im Raume Ludwigshafen (BASF) sowie der keramischen Industrie im Raume Merzig und Mettlach (V&B) bestimmten in den Anfängen die Entwicklung der Transportsysteme. Durch eine kontinuierliche Verdichtung des Leitungsnetzes in den Ballungsräumen an Rhein und Saar sowie durch die Erschließung auch ländlicher Regionen in der Pfalz, der Südeifel und im Nordsaarland entwickelte sich ein Hochdruck-Leitungsnetz von heute ca. 1.500 km Länge (Bild 1).

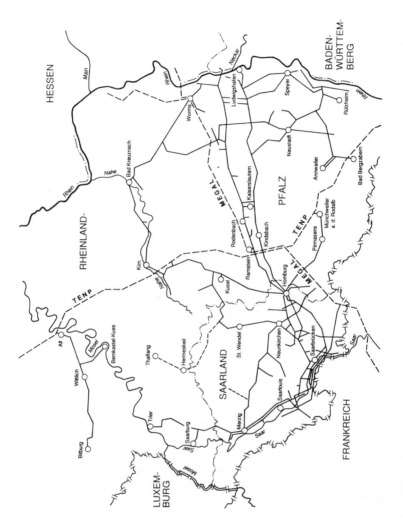

Abbildung 1

Die zum Bau der Leitungen eingesetzten Materialien und Verfahrenstechniken entsprachen dem jeweils geltenden Stand der Technik. Das gleiche gilt für die Erstellung von Bau- und Bestandsplänen sowie für die Verfahren zur vermessungstechnischen Aufnahme der Leitungen. Eine 1980 durchgeführte Bestandsaufnahme der gesamten Plan- und Kartenwerke ergab, daß ca. 50% der Pläne den Forderungen an ein modernes Planwerk (DIN 2425) entsprachen. Für ca. 700 km Leitungstrasse waren die Pläne jedoch hinsichtlich der Aktualität von Kataster und leitungsumgebender Topographie sowie aufgrund der Plantechnik mittelfristig zu erneuern. Dies galt insbesondere für die Bestandspläne, deren vermessungstechnische Aufnahme auf der Basis örtlicher Bezugssysteme (Grenzverläufe, Topographie) erfolgte. Die Umstellung der Vermessung von örtlichen Aufnahmesystemen auf das Gauß-Krüger-Koordinatensystem wurde Mitte der 70er Jahre vollzogen.

Hieraus folgte, daß für 700 km Leitungen der Trassenverlauf anhand vorhandener Unterlagen und mittels elektronischer Ortung wiederhergestellt und im Zuge der Neuvermessung der leitungsumgebenden Topographie im Gauß-Krüger-Koordinatensystem zu bestimmen war. Darüber hinaus war die aktuelle Katastersituation im Bereich der Leitungen nachbarschaftstreu darzustellen.

Für die Erneuerung der Pläne standen alternativ eine manuelle Neuerstellung oder der Übergang zu einem digitalen Dokumentationsverfahren zur Wahl. Da in beiden Fällen ein relativ hoher Kostenanteil für Leitungswiederherstellung und Neuvermessung zu erwarten war, fiel die Entscheidung zugunsten der zukunftsorientierten Digitaltechnik.

2. Systemeinführung

Nach der Entscheidung, ein GDV-System einzuführen, wurde in Arbeitskreisen ein detaillierter Anforderungskatalog für ein solches System erarbeitet.

Im Vordergrund stand hierbei natürlich die Dokumentation des bestehenden Hochdruckleitungsnetzes. Darüber hinaus sollten mit diesem System auch die Planerstellung und Datenaufbereitung für Neubauprojekte unterstützt werden. Hierzu waren neben der Verwaltung und Bearbeitung der graphischen und technischen Daten auch die Erfassung von Felddaten und deren vermessungstechnische Auswertung sowie die Digitalisierung von Kataster- und sonstigen Planunterlagen produktionsgerecht zu integrieren.

Entsprechend den Richtlinien der Hochdruckverordnung wurde bereits in der Vergangenheit jedes einzelne Leitungsbauteil in Werkstoffnachweisen und Abnahmeprotokollen dokumentiert. Diese Sachdaten sollten in logischer Verknüpfung zu den digitalen Bestandsplandaten mit in das neue System übernommen werden. Darüber hinaus sollten die Informationen über die Sicherung der Leitungsrechte gespeichert werden.

Als Folgerung hieraus wurden als Objekte definiert:
- alle Leitungsbauteile,
- die Schnittflächen von Leitungsschutzstreifen und Grundstückskataster.

Einer der wesentlichen Vorteile der graphischen Datenverarbeitung ist die Möglichkeit, Planinhalte im Hinblick auf deren logische Bedeutung zu differenzieren und zu strukturieren. Diese Strukturierung mußte derart erfolgen, daß sowohl den Anforderungen der Datenerfassung und der interaktiven Bearbeitung als auch deren Datenauswertung und der Präsentation entsprochen wurde.

Für die Daten der Bestandspläne wurden hiernach die Hauptebenen Kataster, Topographie, Leitung, System mit den entsprechenden Unterstrukturen festgelegt.

Nach eingehenden Tests der am Markt angebotenen Systeme entschied man sich 1983 für das System GINIS der Fa. SysScan (MBB-Kongsberg). Im wesentlichen beruhte diese Entscheidung auf der angebotenen, umfangreichen Software, der für damalige Verhältnisse hervorragenden interaktiven Arbeitsstationen mit Farb-Raster-Display sowie der Leistungsfähigkeit und dem relativ einfachen Handling der Rechnerplattform DEC-VAX mit dem Betriebssystem VMS.

Das von Saar Ferngas mit SysScan entwickelte Konzept sah die getrennte Datenhaltung von Graphik (GINIS_DST-Files) und Sachinformationen (DEC-DATATRIEVE) vor. Die Verknüpfung zwischen beiden wurde durch Objekt-IDs hergestellt.

Die Plandaten sind blattschnittweise in Graphik-Files gespeichert. Dieser prinzipielle Nachteil ist in der Praxis von untergeordneter Bedeutung, da sich die Lage der Pläne bei Fernleitungen am jeweiligen Trassenverlauf orientiert. Ein sehr schneller Zugriff auf die Daten sowie Overlay- und Clip-Funktionen erleichtern darüber hinaus die Bearbeitung, auch über Blattschnitte hinweg. Die Sachdaten wurden leitungsweise gespeichert.

Zur Überprüfung der Konsistenz beider Datenbestände wurden spezielle Prüfprogramme entwickelt.

Diese Programme
- prüfen die lückenlose Verbindung aller Bauteile einer Leitung,
- berechnen die jeweiligen Stationsmaße der Bauteile und deren durchlaufende Kilometrierung,
- gleichen die Objekt_ID in Graphik und Sachdatei auf Vollständigkeit ab,

- übertragen Kilometer- und Stationsangaben sowie die Gauß-Krüger-Koordinatenwerte aus der Graphik in die Sachdatei.

Diese relativ aufwendige Objektverwaltung ist bedingt durch die eingesetzten Datenverwaltungssysteme. Grundsätzlich sollte bei den heute verfügbaren, datenbankgestützten Dokumentationssystemen eine automatische Objektverwaltung gegeben sein.

3. Datenerfassung

Die Ersterfassung der Datenbestände erfolgte durch manuelle Digitalisierung. Verschiedene Testreihen, die Pläne durch Scannen und anschließende Vektorisierung und Musterkennung in digitale Form zu überführen, verliefen wenig erfolgreich. Dieses Verfahren erforderte damals noch einen unverhältnismäßig hohen Nachbearbeitungsaufwand. Entsprechend der v. g. Ausgangssituation ergaben sich zwei Arbeitsverfahren zur Erstellung der digitalen Datenbestände:

- Digitalisierung der vorhandenen, ordnungsgemäßen Bestandspläne,
- Neuerstellung von Bestandsplänen auf der Basis der Neuvermessung von leitungsumgebender Topographie und Einbindung der Katastersituation durch Digitalisierung.

In beiden Fällen erfolgte die Einarbeitung der Leitungsverläufe aufgrund von Bauteillisten, in denen die einzelnen Bauteile der Leitung entsprechend ihrer Stationierung im Leitungsverlauf ausgewiesen wurden. Über identische, koordinierte Punkte aus Rohraufmaß bzw. Ortung wurden die lokalen Koordinaten in Gauß-Krüger-Werte umgerechnet. Darüber hinaus wurden in diese Listen die spezifischen Attribute der Bauteile aus Rohrbuch- und Werkstoffnachweisen eingetragen.

Mit der Ersterfassung der Datenbestände wurden GDV-Servicebüros beauftragt. Digitalisierrichtlinien regelten die Datenerfassung. Im wesentlichen erfolgte die Datenerfassung mit CAD-Systemen der Firmen Contraves und Siemens. Für die Datenübergabe an Sysscan wurden spezielle Schnittstellenprogramme entwickelt.

Die Umstellung der analogen Planwerke in digitale Form sowie die Zuordnung der Sachinformationen zu den Leitungsobjekten erforderte einen Zeitraum von ca. 5 Jahren (1984 - 1989). Die gesamte Dokumentation umfaßt heute ca. 4.500 Graphik-Files (1.200 MB). In den Sachdateien sind ca. 50.000 Leitungsbauteile und ca. 15.000 Wegerechtsverträge gespeichert.

Als besonders aufwendig und schwierig erwies sich die Übernahme der Katastersituation bei der Neuerstellung der Pläne. Die digitale Katasterkarte ist im Versorgungsgebiet nicht verfügbar. Die Digitalisierung der Katastersituation im Bereich der Leitungstrassen und die Herstellung einwandfreier Nachbarschaftsbeziehungen war aufgrund der historisch bedingten Vielzahl und qualitativ unterschiedlichen Katastersysteme oftmals mit erheblichen Problemen verbunden. Eine wesentliche Verbesserung dieser Situation ist auf absehbare Zeit nicht zu erwarten.

4. Planwerke

Rechtserwerbs- und Baupläne

Damit Fernleitungen gebaut und betrieben werden können, müssen mit den Eigentümern der hierzu beanspruchten Grundstücke entsprechende vertragliche Regelungen getroffen werden. Darüber hinaus ist eine Sicherung der Leitungsrechte im Grundbuch anzustreben. Damit die notwendigen Informationen zu den Grundstücken und deren Eigentümern beschafft und die ggf. notwendigen Verfahren nach § 11 Energiewirtschaftsgesetz durchgeführt werden können, sind Rechtserwerbspläne nach DIN 2425 anzufertigen. Voraussetzung für die Erstellung dieser Pläne ist eine exakte Festlegung der geplanten Leitungstrasse in der Örtlichkeit, deren vermessungstechnische Aufnahme und nachbarschaftstreue Einbindung in die Katastersituation und das Aufmaß der leitungsumgebenden Topographie.

Da die Informationen zu Kataster und Topographie auch Teil der späteren Bestandspläne sind, werden diese bereits in der Projektphase als digitale Datenbestände erfaßt. Durch Berechnung der Schnittflächen zwischen den Flurstücken und dem Schutzstreifen der Leitung lassen sich auf der Basis dieser Daten relativ einfach und exakt die Grundinformationen für die Wegerechtsbeschaffung ermitteln und in speziellen Dateien für eine weitere Bearbeitung aufbereiten.

Neben den privatrechtlichen Vereinbarungen sind vor Beginn einer Baumaßnahme Genehmigungsverfahren für Bahn-, Straßen- und Gewässerkreuzungen durchzuführen. Grundlage für diese Genehmigungen sind in der Regel Baupläne, die sowohl Lage- als auch Profilpläne umfassen und aus denen die konstruktiven Details der Leitungsverlegung ersichtlich sind. Darüber hinaus dienen diese Pläne der späteren Bauausführung.

Die Bau-Lagepläne basieren auf den Daten der Wegerechtspläne, die um die für den Bau der Leitung wichtigen Angaben wie Brechungswinkel von Trassenknickpunkten, Fremdleitungen usw. ergänzt werden. Die Profilpläne, die einen Vertikalschnitt des Geländes über der projektierten Leitungsachse

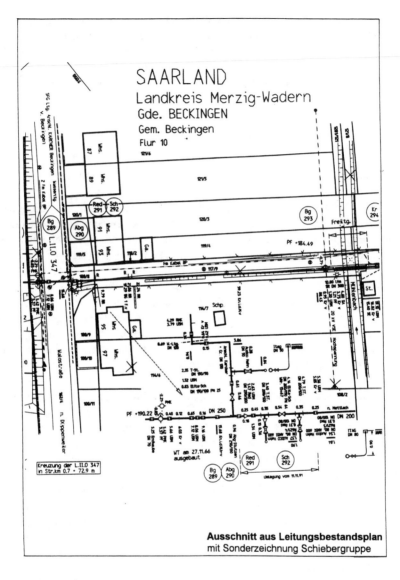

Abbildung 2

darstellen, werden mittels spezieller Auswerteprogramme aus den Daten der Feldaufnahme erzeugt.

Bestandspläne

Hauptaufgabe eines Dokumentationssystemes für den Betrieb eines Leitungsnetzes ist die Bereitstellung von Plänen sowohl für interne Belange als auch für die Erteilung von Auskunft über die Lage der Leitungen an Dritte. Die Aussagefähigkeit der Planwerke ist ein wesentliches Sicherheitskriterium.

Auch beim Übergang von einem manuell geführten zu einem digitalen Dokumentationsverfahren hat die Aktualisierung und Bereitstellung der Planwerke absoluten Vorrang und wird den weitaus größten Teil des Arbeitsaufkommens ausmachen. Die Leistungsfähigkeit der Graphiksoftware und die Ergonomie der Arbeitsstationen sind daher von besonderer Bedeutung.

Die Möglichkeit, Datenebenen einzeln oder in freier Kombination darzustellen und zu bearbeiten sowie die Zuordnung unterschiedlicher Farben erleichtert wesentlich die interaktive Bearbeitung und die Datenkontrolle. Darüber hinaus sind farbige Plots wesentlich aussagekräftiger als einfarbige Darstellungen. Leider sind derzeit farbige Plot- und Kopierverfahren noch relativ aufwendig, so daß die Bestandsspläne in der Regel als Tuscheplots auf Folie erstellt werden. Diese Plots werden den Betrieben zur Übernahme in ihre Plankammer übergeben.

Die gebräuchlichsten Maßstäbe für die Ausgabe der Bestandspläne sind 1: 500 und 1:1.000 (Bild 2). Bei hoher Datendichte wird auch auf den Maßstab 1: 250 übergegangen. In Bereichen, in denen mehrere Leitungen zusammentreffen, sind die Grundrißdaten (Kataster und Topographie) nur einmal gespeichert. Zur Bearbeitung und zum Plot dieser Pläne werden die einzelnen Datenbestände zusammengeladen.

Die auf der Basis digitaler Daten erzeugten Bestandspläne müssen die Akzeptanz bei den Mitarbeitern in den Betriebsstellen finden. Dieses Ziel wurde u. a. dadurch erreicht, daß die Ausgestaltung der neuen Pläne durch entsprechende Ausbildung der Linien- und Symboltabellen dem bislang gewohnten Planbild weitestgehend entspricht.

Übersichtsplanwerke

Die maßstabsunabhängige Abbildung des Leitungsnetzes erlaubt mit geringem Aufwand die Erstellung von Übersichtskarten in fast beliebigem Maßstab. Die gebräuchlichsten Kartenwerke sind die DGK5 und die TK25 (Bild 3). Für Übersichten über das Gesamtnetz werden darüber hinaus Karten im Maßstab 1:100.000, 200.000 und 500.000 erstellt (Bild 1).

Hierzu werden die Leitungsverläufe durch Selektion der erforderlichen Daten aus den Materialdateien den jeweiligen Erfordernissen entsprechend neu erzeugt. Aufgrund der Beschränkung auf die tatsächlich benötigten Daten wird bereits eine Generalisierung des Leitungsbildes erreicht. Für die kleinen Maßstäbe werden die Leitungsverläufe darüber hinaus mit Glättungsprogrammen dem Kartenbild angepaßt. Je nach Anforderung werden die Leitungsnetze auf Folienpausen oder Buntdrucke der topographischen Karten geplottet.

Schemapläne

Der Betrieb eines Leitungsnetzes erfordert neben der geographischen Darstellung der Leitungsverläufe auch deren schematische Darstellung in Form von Schaltplänen. Durch die Speicherung von Schemakoordinaten in den Materialdateien lassen sich entsprechend den topographischen Übersichten auch Schemapläne weitestgehend automatisiert darstellen (Bild 4).

Datenauswertung und Präsentation

Die Speicherung aller Leitungsbauteile mit ihren Sachattributen in Dateien und eine vom Anwender leicht beherrschbare Abfragesprache erlauben gezielte Auswertungen über das Leitungsnetz. Dies war zuvor entweder nicht möglich oder aber mit einem erheblichen Arbeitsaufwand verbunden. Durch die Verknüpfung von Graphik und Sachdaten lassen sich sowohl alphanumerische Auswertungen als auch deren graphische Präsentation realisieren (Beispiel: Überfliegungspläne mit Streckenschiebern und Kilometrierung, Bild 3).

Im Zuge der Prüfung der Konsistenz zwischen Graphik und Sachdaten werden in den Graphik-Files zusätzlich Stations- und Kilometrierungsangaben berechnet, die in die Materialdateien übertragen werden. Mit Hilfe dieser Angaben lassen sich u. a. die Eingangsdaten für Netzberechnungsprogramme problemlos ermitteln.

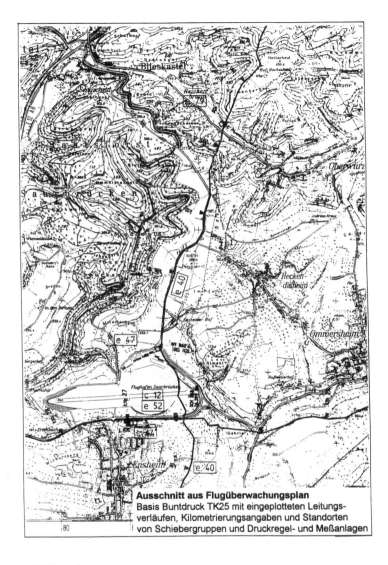

Ausschnitt aus Flugüberwachungsplan
Basis Buntdruck TK25 mit eingeplotteten Leitungs-
verläufen, Kilometrierungsangaben und Standorten
von Schiebergruppen und Druckregel- und Meßanlagen

Abbildung 3

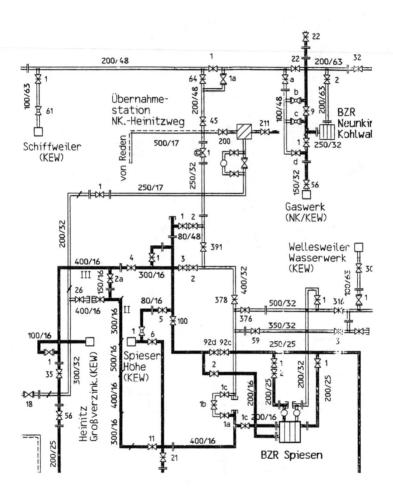

Abbildung 4

Als vorteilhaft hat sich bei der Spezifizierung der Leitungsbauteile erwiesen, daß Bauteilfunktionen (z. B. Einbaustück für Schieberausbau) berücksichtigt wurden.

Datenfortschreibung

Die Dokumentation eines Leitungsnetzes unterliegt durch vielfältige äußere und betriebsinterne Einflüsse der Notwendigkeit permanenter Fortschreibung. Veränderungen an bestehenden Leitungen erfordern eine kurzfristige Aktualisierung der Daten. Da an den Leitungsobjekten sowohl die Graphik als auch die Sachdaten zu ändern bzw. zu ergänzen sind, ist dieser Arbeitsvorgang oftmals umfangreicher als die frühere manuelle Fortschreibung der Pläne. Dieser scheinbare Nachteil wird jedoch durch den höheren Informationsgehalt kompensiert.

Die Aktualisierung der Bestandsdaten durch Änderungen im Kataster und der Topographie ist in aller Regel einfacher als eine manuelle Planfortführung. Nach wesentlichen Ergänzungen werden die Bestandspläne neu geplottet und den Betrieben zur Verfügung gestellt. Geringfügige Fortschreibungen (Fremdleitungsnachträge etc.), die die Betriebe aus der Baustellenüberwachung melden, werden im Zuge der turnusmäßigen Überarbeitung in den Datenbestand übernommen.

Nach Abschluß der Ersterfassung überarbeitet Saar Ferngas in einem Rhythmus von fünf Jahren alle Bestandspläne hinsichtlich Änderungen in Kataster und Topographie. Da geplant ist, diese Arbeiten zukünftig verstärkt an Dritte zu vergeben, wird derzeit ein Datentransfer per DXF-Schnittstelle zu PC-basierenden Graphiksystemen realisiert. Den Dienstleistungsbüros werden über diese Schnittstelle die Graphikdaten übergeben. Neue Geometrie wird zunächst in Sonderebenen erzeugt und nach eingehender Prüfung in ihre Stammebene umgeladen. Die zu löschenden Graphikdaten werden in spezielle DELETE-LEVEL umgehängt. Dies erleichtert die Anpassung von alten und neuen Datenbeständen und soll eine nachvollziehbare Abrechnung der erbrachten Leistung gewährleisten. Nach Abschluß der Überarbeitung wird der aktualisierte Datenbestand wieder über die gleiche Schnittstelle an Saar Ferngas zurückübertragen. Speziell die Einführung der relativ weit verbreiteten DXF-Schnittstelle zum Datenaustausch soll den Möglichkeiten auch kleiner Vermessungsbüros Rechnung tragen und eine größtmögliche Flexibilität beim Einsatz von Dienstleistungsbüros garantieren.

5. Zukünftige Entwicklungen

Ab 1993 wird bei Saar Ferngas ein unternehmensweites Datennetz installiert. Nach Anschluß der GDV-Anlage an dieses Datennetz können alle berechtigten Stellen des Hauses auf die dort gespeicherten Sachdaten zugreifen. Die Produktionsreife des Datenaustausches per DXF-Schnittstelle erlaubt es, Graphik-Files in PC-basierende CAD-Systeme zu überführen. Geplant ist, solche Systeme in den beiden Betriebsstellen Völklingen und Frankenthal als Auskunftstationen zu installieren. Beiden Büros soll der gesamte Plandatenbestand ihres Zuständigkeitsbereiches überspielt werden. Mit Hilfe einer einfacher zu bedienenden Benutzeroberfläche soll ein effizienter Zugriff auf die gesuchten Plandaten ermöglicht werden. Durch angeschlossene Drucker/Plotter sollen vor Ort Planausgaben möglich sein. Die Fortführung der Datenbestände der Außenstellen soll per File-Transfer über das zukünftige Datennetz der Saar Ferngas erfolgen. Fernziel ist ein mobiles Auskunftsystem für die Einsatzfahrzeuge der Betriebe.

Nach Abschluß der Erstüberarbeitung wird eine Überprüfung der dann am Markt angebotenen Systeme vorgenommen und eine Ablösung der derzeit installierten Software geprüft.

6. Zusammenfassung

Das bei Saar Ferngas zur Dokumentation des Hochdruck-Leitungsnetzes installierte System und die zugrundeliegende Datenverwaltung entsprechen dem technischen Stand bei graphikorientierten Systemen Anfang der 80er Jahre. Die konsequente Speicherung von Graphik und Sachinformationen in einer Datenbank, wie dies bei leistungsfähigen neuen Systemen heute möglich ist, war damals nicht verfügbar.

Der eigentliche Wert eines Dokumentationssystemes sind jedoch die darin gespeicherten Daten. Erst nach Abschluß der Ersterfassung können die Vorteile der digitalen Dokumentation, gezielte Informationssuche über das gesamte Leitungsnetz und eine effizientere Aktualisierung der Datenbestände, voll genutzt werden. Die Konzeption und die Umsetzung dieses Dokumentationsverfahrens haben sich bisher im praktischen Einsatz bewährt. Die 1983 getroffene Entscheidung, von einem manuell geführten Informationssystem auf ein digitales Dokumentationsverfahren umzustellen, hat sich als richtig erwiesen.

Die Anwendung im Bereich der Bodenforschung

Karl Dieter Fetzer, Jürgen Ost

1. Einleitung

Die praktische Umsetzung von Umweltschutzmaßnahmen findet ihre Schranken in einem erheblichen Informationsdefizit bei den komplexen Vorgängen in den Ökosystemen. Ohne eine Analyse und Betrachtung der Wechselwirkungen von Luft, Wasser und Boden sind Aussagen kaum möglich. Dies wird besonders beim "Mehrphasensystem Boden" deutlich. Während die Umweltmedien Wasser und Luft schon seit Jahrzehnten eingehend untersucht und durch Gesetze geschützt werden (Wasserhaushaltsgesetz, Immissionsschutzgesetz, Trinkwasserversorgung, TA Luft usw.), stand der Bodenschutz vor allem aufgrund des schleichenden und akkumulativen Charakters der Bodenbelastungen im Hintergrund. Erst unter dem Eindruck von Waldschäden, Nitratbelastung des Grundwassers, Altlasten und Landschaftsverbrauch wurde der Boden als Schutzgut thematisiert.

Die Bodenschutzkonzeption vom 6. Februar 1985 und die Initiierung der Sonderarbeitsgruppe (SAG) "Informationsgrundlagen Bodenschutz" als nachgeordnetes Gremium der Umweltministerkonferenz waren erste Schritte zur Entwicklung von empirischen Grundlagen für den Schutz der Böden (BMI 1985, von BORRIES 1992).

Die SAG legte 1987 das "Konzept zur Erstellung eines Bodeninformationssystems" und 1989 einen "Vorschlag für die Einrichtung eines länderübergreifenden Bodeninformationssystems" vor. Darin wurden die fachlich wichtigen Daten benannt, Konzepte zur Vereinheitlichung ihrer Erhebung und Auswertung erstellt, sowie eine auf die spezifischen Zwecke des Bodenschutzes abgestimmte Strukturierung der Datenbereitstellung erarbeitet.

Diese Datengrundlage sollte in einer Vielzahl von Fachinfomationssystemen aus den Bereichen "Geowissenschaftliche Grundlagen", "Naturschutz und Landschaftspflege" und "Anthropogene Einwirkungen auf den Boden" bereitgestellt werden (vgl. Abb.1).

Es lag auf der Hand, daß eine großflächige Vorhersage von Risiken für den Boden angesichts der Komplexität der benötigten Daten nur mit Hilfe eines EDV-gestützten Informationssystems zu bewältigen war.

Raumbezogene Informationssysteme in der Anwendung
hrsg. im Auftrag des Deutschen Verbandes für Angewandte Geographie von Peter Moll
in Material zur Angewandten Geographie (MAG), Band 23, Bonn 1995

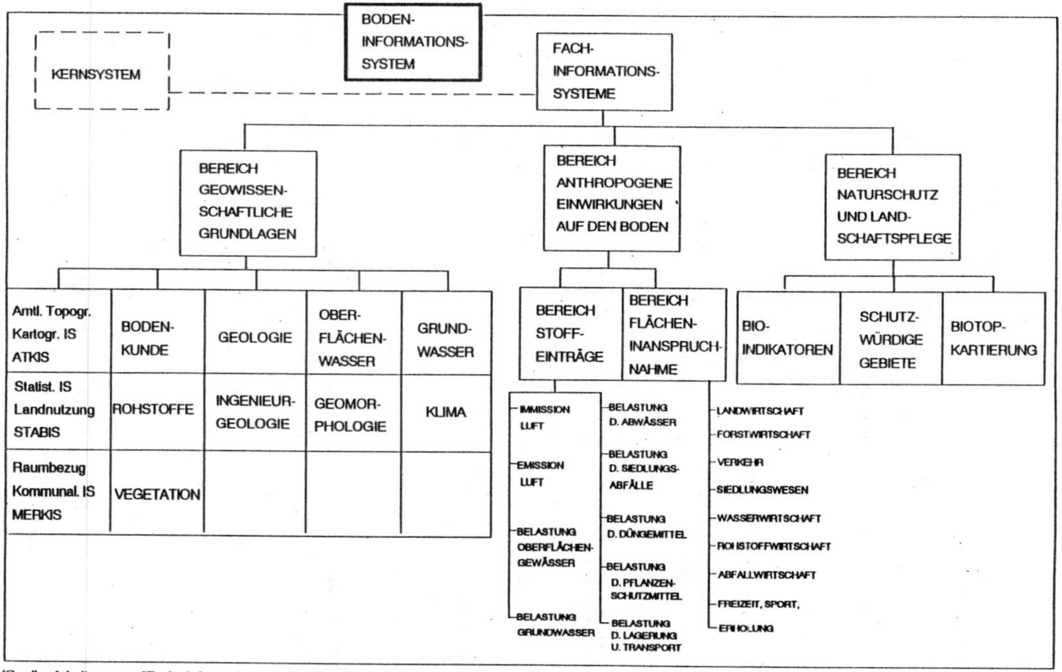

KERNSYSTEM

BODEN-
INFORMATIONS-
SYSTEM

FACH-
INFORMATIONS-
SYSTEME

BEREICH
GEOWISSEN-
SCHAFTLICHE
GRUNDLAGEN

BEREICH
ANTHROPOGENE
EINWIRKUNGEN
AUF DEN BODEN

BEREICH
NATURSCHUTZ
UND LAND-
SCHAFTSPFLEGE

	BODEN-KUNDE	GEOLOGIE	OBER-FLÄCHEN-WASSER	GRUND-WASSER
Amtl. Topogr. Kartogr. IS ATKIS				
Statist. IS Landnutzung STABIS	ROHSTOFFE	INGENIEUR-GEOLOGIE	GEOMOR-PHOLOGIE	KLIMA
Raumbezug Kommunal. IS MERKIS	VEGETATION			

BEREICH
STOFF-
EINTRÄGE

BEREICH
FLÄCHEN-
INANSPRUCH-
NAHME

BIO-
INDIKATOREN

SCHUTZ-
WÜRDIGE
GEBIETE

BIOTOP-
KARTIERUNG

EMISSION LUFT
IMMISSION LUFT
BELASTUNG OBERFLÄCHEN-GEWÄSSER
BELASTUNG GRUNDWASSER
BELASTUNG D. ABWÄSSER
BELASTUNG D. SEDLUNGS-ABFÄLLE
BELASTUNG D. DÜNGEMITTEL
BELASTUNG D. PFLANZEN-SCHUTZMITTEL
BELASTUNG D. LAGERUNG U. TRANSPORT

LANDWIRTSCHAFT
FORSTWIRTSCHAFT
VERKEHR
SIEDLUNGSWESEN
WASSERWIRTSCHAFT
ROHSTOFFWIRTSCHAFT
ABFALLWIRTSCHAFT
FREIZEIT, SPORT, ERHOLUNG

(Quelle: Arbeitsgruppe "Bodeninformationssystem" der SAG "Informationsgrundlagen Bodenschutz", 1989)

Abb. 1: Inhalt der Fachinformationssysteme innerhalb eines Bodeninformationssystems

2. GIS im Bereich Bodeninformationssysteme

Der Begriff Boden geht in seiner neueren Fassung über die bodenkundliche Definition hinaus, indem alle Bereiche der Erdoberfläche und der oberen Erdkruste, in die der Mensch durch seine Tätigkeit eingreift, als Boden bezeichnet werden.

Ein Informationssystem im von der SAG definierten Sinne besteht aus einem Kernsystem (das Daten und Methoden nachweist und steuert) und einer Vielzahl von Fachinformationssystemen für die einzelnen Fachbereiche (z.b. Bodenkunde, Geologie, Geomorphologie, Klima usw.), die wiederum einen Datenbereich und einen Methodenbereich umfassen (VINKEN 1992).

Aufgrund der Tatsache, daß die fachbezogenen Daten von den zuständigen Behörden in den Fachinformationssystemen dezentral aufgebaut und verwaltet werden, bedarf es einer zentralen Organisation, dem Kernsystem, welches über gespeicherte Daten und Methoden informiert, Zugriffspfade festlegt und über die Verbindung mit den Fachinformationssystemen Recherchen und Auswertungen ermöglicht.

Die Fachinformationssysteme (FIS) des Bodeninformationssystems werden von den für den jeweiligen Bereich zuständigen Fachbehörden aufgebaut und geführt. Sie bestehen jeweils aus einem Datenbereich, in dem die Sachdaten und die Daten des Raumbezuges (Geometrien) getrennt verwaltet werden und logisch und datentechnisch über eine Schnittstelle miteinander verknüpft werden, und einem Methodenbereich, der in einen Wissensbereich (analoge Ebene mit Methoden für die Systematisierung, Erhebung, Homogenisierung und Auswertung der Daten) und einen Verfahrensbereich (digitale Ebene) aufgeteilt ist. Letzterer enthält neben der programmtechnischen Umsetzung von Teilen des Wissensbereiches computergestützte Werkzeuge zur Datenerfassung, Datenverwaltung, Datenauswertung und Datenausgabe. Dabei sollen die Teile des Verfahrensbereiches zur graphischen Datenverarbeitung durch die Funktionalitäten des Geographischen Informationssystems bereitgestellt werden.

Der Begriff Bodeninformationssystem (BIS) umfaßt aber mehr als die unter dem Begriff Geographisches Informationssystem bekannten Produkte. Das GIS erfüllt in einem BIS allgemein die Funktionen der graphischen Datenverarbeitung. Es verwaltet die Geometriedaten und stellt aufgrund seines modularen Aufbaus graphische Bearbeitungsverfahren zur Verfügung (vgl. Abb. 2). In den GIS fehlen aber die Betrachtung und die Einbeziehung der Wissensebene mit ihren Ergebnissen aus Grundlagenforschung und Regelwerken. Weiterhin sind die Funktionen des Kernsystems mit Methoden- und Datensteuerung nicht oder nur mangelhaft vorhanden (VINKEN 1992).

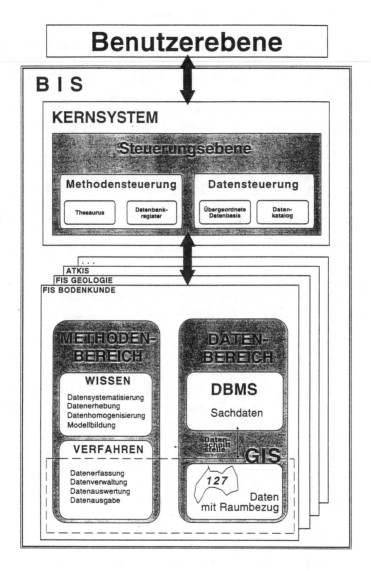

Abb. 2: Aufbau eines Bodeninformationssystems und Aufgaben eines GIS

Aufgrund der heterogenenen Strukturen der datenführenden Stellen, die die Fachinformationssyteme aufbauen und im Hinblick auf deren zukünftige Integration in ein Gesamtsystem, wurden bei *SAAR-BIS* (Saarländisches Bodeninformationssystem) an die Hard- und Softwarekonfiguration des GIS allgemeine Anforderungen definiert:

- offene Systemstruktur mit der Möglichkeit einer flexiblen Anpassung z.b. an ein Landessystemkonzept,
- Netzwerkfähigkeit,
- "Multi-User"-Fähigkeit,
- Modularer Aufbau der Software,
- Schnittstellen zu verschiedenen externen Datenbanken,
- Schnittstellen zum reibungslosen Datenaustausch vor allem der Geometriedaten.

Zusätzlich ist aus Gründen der wachsenden Datenmenge die Leistungsfähigkeit, die Aufrüstbarkeit und das Datensicherungskonzept wichtig.

Spezielle Anforderungen an die graphische Datenverarbeitung in einem BIS beziehen sich neben der blattschnittfreien Datenverarbeitung und der Maßstabsunabhängigkeit v.a. auf die Auswertungsfunktionen.

Funktionen wie
- Selektionsroutinen,
- Überlagerung,
- Verschneidung,
- Digitales Geländemodell,
- Pufferflächenbildung,
- Generalisierung

sollten neben den Standardfunktionen im GIS bereitgestellt werden.

Nach einer vergleichenden Bewertung mehrerer Systeme nach diesem Kriterienkatalog fiel bei *SAAR-BIS* die Wahl auf das GIS-Produkt ARC/INFO in Verbindung mit der externen Datenbanksoftware ORACLE.

3. Anwendungen in *SAAR-BIS*

Im Forschungs- und Entwicklungsvorhaben (FE) *SAAR-BIS* wurden mit Hilfe dieser Systemkonfiguration verschiedene Anwendungen realisiert.

Die thematischen Inhalte sind auf das Fachinformationssystem Bodenkunde konzentriert, doch wurden auch erste Bearbeitungen für das Fachinformationssystem Geologie und weitere Aspekte durchgeführt.

3.1 Anwendungen im Fachinformationssystem Bodenkunde

Um wesentliche Problemfelder des Bodenschutzes bewältigen zu können, wurde die fachlich-inhaltliche Konzeption von *SAAR-BIS* auf drei verschiedenen Schwerpunkten angesiedelt (FETZER et al. 1992a):
- urbaner Modellraum Saarbrücken,
- ruraler Modellraum Bliesen,
- landesweite Entwicklungen (Bodenübersichtskarte).

3.1.1 Urbaner Modellraum Saarbrücken

Die Erforschung urbaner Böden und die Gewinnung stadtbodenkundlicher Daten, besonders im Hinblick auf die Bodenfunktionen, die Bewertung der Nutzbarkeit dieser Böden und die Erfassung der Bodenbelastung einschließlich Gefährdungsabschätzung und Sanierungsplanung stellt eine herausragende Aufgabe dar, da diese Standorte bis in die jüngste Vergangenheit nicht in die bodenkundliche Landesaufnahme einbezogen wurden. Ziel des Projektes *SAAR-BIS* im Modellraum Saarbrücken ist es, ein Konzept zur Erfassung, Verarbeitung und Auswertung stadtbodenkundlicher Daten zu entwickeln und dieses in ein EDV-gestütztes Bodeninformationssystem einzubinden. Die Anwendungen im urbanen Raum stellen an ein GIS besonders hohe Anforderungen, da es eine Vielzahl von Informationsgrundlagen auszuwerten gilt (FETZER et al. 1992b).

Für den Modellraum Saarbrücken liegen folgende Grundlagen digital vor:
- Realnutzung,
- Versiegelungsgrad,
- Historische Landnutzung (Nutzungstypen der Jahre 1803-20, 1908, 1939, 1958 und 1985),
- Überschwemmungsgebiete der Saar aus den Jahren 1882 und 1970,
- Bodenschätzung,
- Gesteinsformationen der Geologischen Karte 1:25.000,
- Bodenveränderungen durch Krieg,
- Kriegszerstörungen in Saarbrücken 1939-1945,
- Kontaminationsverdächtige (KV-) Flächen.

Zusätzlich werden die Informationen aus Luftbildern und der Deutschen Grundkarte aus verschiedenen Erhebungszeiträumen genutzt. Aus diesen Basisdaten wird die Konzeptkarte (KK) entwickelt, die als Grundlage für die Kartierung dient.

Ausgehend von dem Ziel, möglichst charakteristische Nutzungs-
(geschichts-) Typen des Modellraums Saarbrücken zu erfassen, wurden bislang folgende Flächen untersucht:
- Flächen der Montanindustrie (Halden, Flotationsweiher),
- Haus- und Kleingärten,
- ehemaliger Schrottplatz,
- ehemalige Hausmüll- und Bauschuttdeponien,
- Parkflächen.

Wesentliche Komponenten, wie Empfehlungen zur Vorgehensweise bei
der Erstellung von Flächenfreigabemappen, ein Formblatt mit Datenschlüssel
für die stadtbodenkundliche Profilansprache, Konzepte zur Probenentnahme
und der Gefährdungsabschätzung wurden in *SAAR-BIS* konzipiert.

Als Ergebnis der Kartierungen kann festgehalten werden, daß die bisher
untersuchten Stadtböden selbst auf kleinsten Flächenarealen eine große verti-
kale und horizontale Variabilität aufweisen und zudem in unterschiedlichsten
Ausprägungen mit Schadstoffen belastet sind (FETZER et al. 1992b). Eine
Übertragung der Ergebnisse einzelner Nutzungstypen auf ähnlich gestaltete
Flächen ist deshalb nur bedingt möglich. Besonders bei stark überformten
Flächen ist die Übertragbarkeit in Frage gestellt, da es hierzu detaillierter
Vorinformationen bedarf, die meist nicht gegeben sind. Schwierig ist auch
die Einschätzung jener Nutzungstypen, bei denen noch keine Erfahrungen
mit der Bodenzusammensetzung vorliegen. Dies bedeutet, daß im urbanen
Modellraum selbst schon auf großmaßstäbigen Kartenebenen (1:5.000,
1:1.000) Probleme entstehen, monotypische Karten zu erstellen, zumal die
Bodenverbreitung sehr heterogen ist.

Die für natürliche Böden entwickelten Auswertungsverfahren können bei
Stadtböden aufgrund ihrer vielfach abweichenden Beschaffenheit meist nicht
genutzt werden. Hier besteht Entwicklungsbedarf. Übergreifendes Ziel der
Stadtbodenkunde ist die Kennzeichnung und flächenmäßige Ausweisung ty-
pischer, nutzungsgebundener Bodenfunktionen.

Auswertungen

Grundsätzlich gliedert sich die Konzeption von Auswertungsmodellen in
einem BIS in den methodischen Bereich der theoretischen Modellgrundlagen
und in die DV-technische Umsetzung der Modellierung. Dabei sind folgende
Arbeitsschritte zu leisten:

Karte 1

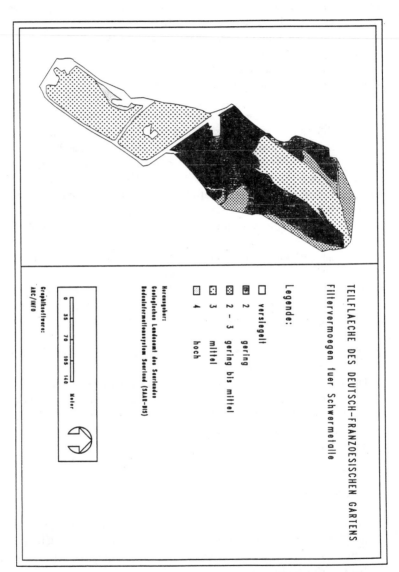

TEILFLAECHE DES DEUTSCH-FRANZOESISCHEN GARTENS

Filtervermoegen fuer Schwermetalle

Legende:

☐ versiegelt

▨ 2   gering

▨ 2 - 3 gering bis mittel

☐ 3   mittel

☐ 4   hoch

Herausgeber:
Geologisches Landesamt des Saarlandes
Bodeninformationssystem Saarland (SAAR-BIS)

Graphiksoftware:
ARC/INFO

0   35   70   105   140   Meter

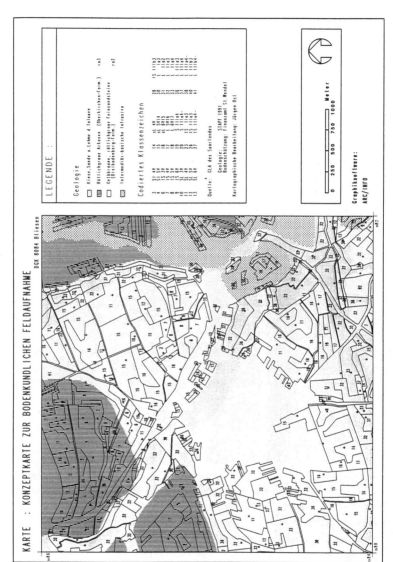

Karte 2

- Festlegung der Basisdaten,
- Prüfung der Datenbasis, Datenqualität, ggf. Anpassung der Methode an die Datenbasis,
- Darstellung der Verknüpfungsregeln und Rechenalgorithmen,
- Durchführung der Modellrechnung, graphische Bearbeitung,
- Verknüpfung graphischer und nicht-graphischer Daten (Sachdaten),
- Ergebnisdarstellung,
- Datenausgabe.

Im urbanen Modellraum konnten beim derzeitigen Entwicklungsstand von *SAAR-BIS* einige einfache Modellrechnungen (z. B. Filtervermögen des Bodens für Schwermetalle; nutzbare Feldkapazität nach ARBEITSGEMEIN-SCHAFT BODENKUNDE 1982) für die Untersuchungsstandorte realisiert werden. Karte 1 zeigt am Beispiel eines Parks in Saarbrücken (Deutsch-Französischer Garten) eine derartige Auswertung, die auf der Basis der Bodenkarte durchgeführt wurde.

3.1.2 Ruraler Modellraum

Stellvertretend für den ländlich geprägten Raum des Saarlandes wurde in der Gemarkung Bliesen modellhaft ein Konzept der Datenerhebung und -auswertung für den Aufbau eines Bodeninformationssystems auf Vollzugsebene entwickelt. Im Vordergrund der Arbeiten im ruralen Modellraum stand die Erstellung einer Konzeptbodenkarte im Maßstab 1:5.000 (KBK 5) sowie die Anwendung von planungsorientierten Auswertungsmodellen, die als Grundlage für die Flurbereinigung in dieser Gemarkung dienen werden. Das in *SAAR-BIS* entwickelte Verfahren integriert bodenrelevante Grundlagen in digitaler Form in die Datenerhebung und reduziert damit den Aufwand der Primärdatenerhebung erheblich.

Bei der Erstellung der KBK 5 wurde aus folgenden Informationsgrundlagen zunächst die Konzeptkarte (KK 5, vgl. Karte 2), die im Gegensatz zur Konzeptbodenkarte noch keinen eigentlich bodenkundlichen Inhalt besitzt, entwickelt (FETZER et al. 1992b):

- Bodenschätzung,
- Gesteinsformationen der Geologischen Karte,
- Topographie aus der Deutschen Grundkarte (analog).

Für den ruralen Modellraum wurde ein eigenständiges Datenmodell aufgebaut (FETZER & SCHLICKER 1992).

Für das GIS ARC/INFO wurde eine Benutzeroberfläche entwickelt (KRÄMER et al. 1991).

Auswertungen

Schwerpunkt der Auswertungen im ruralen Modellraum bildet die Erstellung von Erosionsprognosekarten auf der Grundlage der Allgemeinen Bodenabtragsgleichung. Der derzeitige Bearbeitungsstand repräsentiert allerdings lediglich einen Teil des Spektrums der geplanten Auswertungen. Neben einer Karte der Erosionsanfälligkeit der Böden wurde auch die Erosionssensibilität der Böden (Toleranzgrenze T oder T-Wert nach SCHMIDT & WITTMANN 1984) ermittelt. Als das Ergebnis der natürlichen Standortfaktoren auf den Erosionsprozeß wurde eine Karte der Geogenen Erosionsdisposition erstellt. Karten zur Nitrataustragsgefährdung bleiben der weiteren Planung vorbehalten.

3.1.3   Landesweite Entwicklungen (Bodenübersichtskarte [BÜK])

Die Bodenübersichtskarte des Saarlandes [BÜK] verfolgt das Ziel, in einem mittelfristigen Planungszeitraum eine Datenbasis über die Böden des Landes im Sinne eines Informationssystems aufzubauen. Diese Forderung setzt ein methodisches Konzept zur Erhebung und Verwaltung sowie der Ausgabe von Daten voraus. Damit bildet die BÜK eine Grundlage für den Aufbau einer digitalen Datenbasis, auf deren Ebene gezielte flächendeckende Auswertungen von Bodenbeeinträchtigungen und -funktionen realisiert werden können.

Das methodische Konzept für die BÜK Saarland besteht aus:
- Rahmenlegende,
- Datenerhebungskonzept,
- Konzept zur Grundlagenerfassung und Primärdatenerhebung,
- Datenerhebungsbogen "Bodenkundliche Landesaufnahme",
- Datenschlüssel,
- Probenentnahmekonzept,
- Konzeptbodenkartenlegende.

Die Rahmenlegende enthält den naturräumlichen und geologischen Inhalt. Das Datenerhebungskonzept schreibt die Nutzung der Grundlagen und die Primärdatenerhebung vor. Zur Datenerfassung wurde ein Datenerhebungsbogen "Bodenkundliche Landesaufnahme" sowie ein Datenschlüssel entwickelt. Das Probenentnahmekonzept regelt die Entnahme der Proben bei der Kartierung und der Leitprofile im Anschluß.

Die Konzeptbodenkartenlegende beinhaltet auf der Basis der Konzeptkarte den bodenkundlichen Inhalt, gegliedert nach Bodeneinheiten. In der Legende sind diese Einheiten aufgrund ihrer morphologischen und geologischen Verhältnisse beschrieben sowie nach Bodentyp/Bodengesellschaft, Substrat/ Deckschicht und Bodenartenschichtung definiert. Die Konzeptbodenkarten (KBK 25) werden im Maßstab 1:25.000 erhoben und können sowohl in diesem als auch in anderen Maßstäben aus dem Rechner abgerufen werden (FETZER et al. 1992b).

Auswertungen

Für ein Teilgebiet der BÜK (Nordwestliches Saarland) wurde ein Modellansatz zur Kennzeichnung der Austragsgefährdung von Schwermetallen aus dem Boden ins Grundwasser konzipiert und DV-methodisch umgesetzt (DVWK 1988). Mit Hilfe dieses Ansatzes sollen regionalisierte Trendaussagen zur Grundwassergefährdungsabschätzung realisiert werden.

3.2 Anwendungen im Fachinformationssystem "Geologie"

Der Aufbau eines Fachinformationssystems Geologie wurde durch *SAARBIS* initiiert. Digital aufgenommen wurden alle Geologischen Karten im Maßstab 1:25.000 sowohl in der modernen als auch in der preußischen bzw. bayerischen Erhebung. Die Inhalte der Karten werden in der Flächendatenbank in zwei Ebenen geführt:
- Ebene der Grenzlinien der geologischen Einheiten,
- Ebene der Verwerfungen und Störungen.

Die weitere Planung sieht die Integration des Bohrungskatasters (dBASE/ CLIPPER-Format) vor.

Auswertungen

Auswertungen im FIS Geologie beschränken sich derzeit auf die Verwendung der Geologischen Karten für die bodenkundliche Primärdatenerhebung.

3.3 Weitere Anwendungen

Obwohl sich die fachliche Zuständigkeit von *SAAR-BIS* weitgehend auf die Bodenkunde beschränkt, wurden bereits im Projektzeitraum Anwendungen für externe Aufgaben realisiert, um den akuten Bedarf bei den betroffenen Behörden erfüllen zu können.

Hierzu zählen die Erfassung der Wasserschutzgebiete, Hauptgewässer, Wassereinzugsgebiete und der Grundwasserlandschaften des Saarlandes. Damit sind Vorgriffe auf die Fachinformationssysteme [FIS] "Oberflächenwasser" und "Grundwasser" nach dem SAG-Konzept erfolgt. Die Initiierung des Aufbaues entsprechender FIS wird zu den künftigen Aufgaben von *SAAR-BIS* gehören, wozu auch die Transformation von Erfahrungen und Know How zählt. Beispielhaft wurden digitale Datenbestände in *SAAR-BIS* importiert. Erwähnung verdient die Realnutzungskartierung nach Biotoptypen des Saarlandes, die als Auswertung einer CIR-Luftbildbefliegung im ARC/INFO-Format genutzt werden kann (SAARLAND: DER MINISTER FÜR UMWELT 1992a).

Die Bereitstellung von Grundlagen für den Landesentwicklungsplan "Umwelt" und das Raumordnungskataster (ROK) des Saarlandes aus *SAAR-BIS* heraus zählen zu den künftigen Aufgaben des Bodeninformationssystems.

Das in Abb. 1 dargestellte SAG-Konzept eines Bodeninformationssystems sowie die administrative Zuordnung der Fachinformationssysteme auf die Behördenlandschaft des Saarlandes (vgl. Abb. 3) muß daher für die fachlichen Inhalte des am Ministerium für Umwelt angesiedelten Raumordnungskatasters um folgende Einzelbereiche ergänzt werden:
- Natur,
- Wasser,
- Verkehr,
- Abfall,
- Energie,
- Gas,
- Funk- und Fernmeldewesen,
- Rohstoffgewinnung (Eigentümer-/bergfreie Rohstoffe),
- Sonderflächen,
- Immissionsschutz.

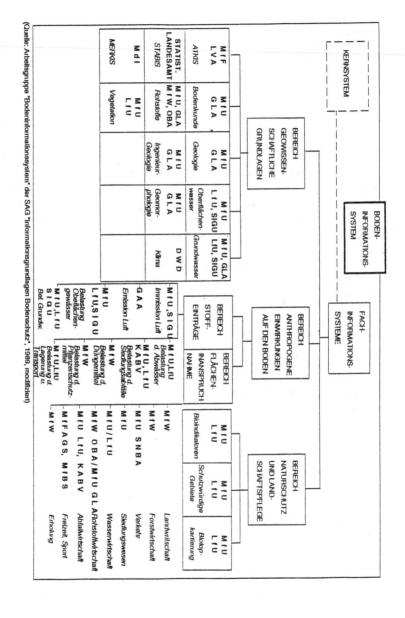

Abb. 3: Administrative Zuordnung der Fachinformationssysteme im Saarland

(Quelle: Arbeitsgruppe "Bodeninformationssystem" der SAG "Informationsgrundlagen Bodenschutz", 1989, modifiziert)

Auswertungen

Die Auswertungen im Bereich der weiteren Anwendungen beschränken sich derzeit vielfach auf die Übereinanderlagerung bestimmter Informationsebenen (z.b. kontaminationsverdächtige Standorte in Wasserschutzgebieten), die mit einem GIS routinemäßig realisierbar sind.

4. Erfahrungen beim Aufbau von *SAAR-BIS*

4.1 Ressortübergreifender Datenbedarf bei verzweigter Datenhaltung und -erhebung

Aufbau und Nutzung eines Bodeninformationssystems verlangen eine ressortübergreifende Datenbereitstellung. In *SAAR-BIS* wurde die Datenbereitstellung von Behörden außerhalb des Geschäftsbereiches des Umweltministeriums ausschließlich projektbezogen geregelt. Beispielsweise greift das Datenmodell "Stadtböden" in *SAAR-BIS* auf 15 Datenebenen aus dem Geschäftsbereich verschiedener Fachstellen von Bund, Land und Kommunen zurück (vgl. Abb. 3).

Neben administriellen Hürden gilt das Fehlen eines abgestimmten Landessystemkonzeptes der Datenverarbeitung im Saarland zwar als ein Hindernis, das aber nicht unüberwindbar ist. Abbildung 4 zeigt die verschiedenen DV-Systeme, mit denen *SAAR-BIS* über Schnittstellen bislang erfolgreich kommunizieren konnte.

4.2 Datennutzung und -ausgabe sowie Datenschutz

Die Bereitstellung der Daten zur projektbezogenen und weiteren Nutzung aufgrund von externen Anfragen setzt die Zustimmung jeder betroffenen Behörde voraus. Die Datenausgabe wurde bislang in Einzelfallregelung gehandhabt, was auch künftig der einzige Weg sein wird. Wegen fallspezifischer Abweichungen kann die Datenausgabe nicht in einem allgemeingültigen Mustervertrag geregelt werden. Bei der Ausgabe von Daten müssen auf jeden Fall Urheberschaft und Zweckgebundenheit der Informationen gewahrt sein.

Nach dem Erlaß des Ministers für Umwelt des Saarlandes betreffend die Umsetzung der Richtlinie 90/313/EWG des Rates vom 07. Juni 1990 über den freien Zugang zu Informationen über die Umwelt muß allen natürlichen und juristischen Personen Zugang zu umweltbezogenen Informationen gewährt werden (SAARLAND: DER MINISTER FÜR UMWELT 1992b). Hierzu können jedoch erst künftige Erfahrungen Aufschluß über mögliche Defizite geben. Bei der Datenbereitstellung zwischen Behörden kann die Amtshilfe eintreten, wenn eine hoheitliche Amtshandlung vorliegt. Die Kosten für die Datenausgabe können - soweit keine Amtshilfe vorliegt - durch Entgelt ermittelt und eingenommen werden.

Die Belange des Datenschutzes sind im saarländischen Datenschutzgesetz geregelt. Probleme können im nicht-öffentlichen Bereich entstehen, wenn sich Datenschutz und Informationsinteresse gegenüberstehen. Hier gilt ein Abwägungsgebot.

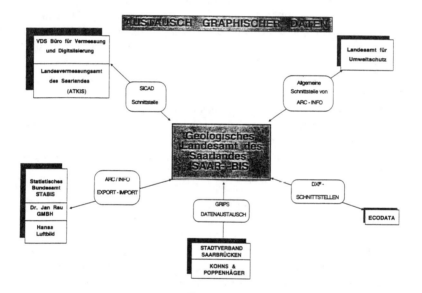

Abb. 4: Austausch graphischer Daten in *SAAR-BIS*

5. Zusammenfassung

Zusammenfassend bleibt festzustellen, daß ein Bodeninformationssystem ein integrales Werkzeug zur Umsetzung aller Arbeiten und Maßnahmen auf dem Gebiet des Bodenschutzes darstellt. Mit der digitalen Bearbeitung läßt sich die Chance nutzen, eine Normierung von Primärdatenerhebung und Probenentnahme, zwei wesentlichen Defiziten der Vergangenheit, zu erreichen. Diese Standardisierung gilt auch für den analytisch-methodischen Bereich als Bestandteil einer geplanten TA Boden.

Schwerpunkte künftiger Arbeiten bilden neben der Initiierung weiterer Fachinformationssysteme der Aufbau eines übergeordneten Kernsystems, die Anbindung an das in der Planung begriffene Umweltinformationssystem des Saarlandes (SUIS), die Entwicklung von Nutzerkonzepten und der Aufbau eines digitalen Raumordnungskatasters mit der Regelung von Zugriffs- und Nutzungsrechten, Weitergabe der Informationen an Dritte sowie der Regelung der Datenpflege und Kostenpflicht (FETZER et al. 1992 b).

Im Hinblick auf eine in der Planung befindliche Bodenschutzgesetzgebung muß die weitere Entwicklung des Bodeninformationssystems auch auf Maßnahmen, Verfahrensregeln und Normsetzungen zum Schutz des Bodens abgestimmt werden (von BORRIES 1992).

Danksagung

Frau Dipl.-Geogr. H. Roos und Herr Dipl.-Kfm. P. Schlicker haben zur Erstellung des Manuskriptes wesentliche Beiträge geliefert.

Literatur

Arbeitsgemeinschaft Bodenkunde (1982): Bodenkundliche Kartieranleitung. Hrsg.: Bundesanstalt für Geowissenschaften und Rohstoffe und Geologische Landesämter in der Bundesrepublik Deutschland, 3. Aufl., Hannover.

BMI (1985): Bodenschutzkonzeption der Bundesregierung. W. Kohlhammer, Stuttgart.

von Borries, D.F.W. (1992): Informationssysteme als Instrument der Bodenschutzpolitik. In: Zeitschrift für Angewandte Umweltforschung, Jg. 5, H. 1, S. 25-35.

Deutscher Verein für Wasser- und Kulturbau (DVWK) (1988): Filtereigenschaften des Bodens gegenüber Schadstoffen. Teil I: Beurteilung der Fähigkeit von Böden, zugeführte Schwermetalle zu immobilisieren. DVWK-Merkblatt 212, Hamburg.

Fetzer, K.D., KÖNIG, Ch., LARRES, K., LOBENHOFER, M., PORTZ, A. & SCHLICKER, P. (1992a): Aufbau und Implementierung des Saarländischen Bodeninformationssystems (*SAAR-BIS*). In: Zeitschrift für Angewandte Umweltforschung, Jg. 5, H.1, S. 58-67.

Fetzer, K.D., König, Ch., LARRES, K., Lobenhofer, M., Portz, A. & Schlicker, P. (1992 b): Beispielhafter Aufbau eines Bodeninformationssystems für das Saarland (*SAAR-BIS*). Forschungsbericht 107 06 001/07 (Entwurf) im Auftrag des Umweltbundesamtes.

Fetzer, K.D. & Schlicker, P. (1992): Die Rolle der Bodenschätzung im Saarländischen Bodeninformationssystem (*SAAR-BIS*). In: Mitteilungen der Deutschen Bodenkundlichen Gesellschaft, Bd. 67, S. 205-208.

Krämer, V., Ost, J. & Ditmar, J. (1992): Benutzeroberfläche zur Auswertung der Bodenschätzung. Unveröffentlichtes Manuskript, 14 S.

Saarland: Der Minister für Umwelt (1992a): Realnutzungskartierung nach Biotoptypen Mai 1989. (Urheberschaft: HANSA Luftbild GmbH, Münster).

Saarland: Der Minister für Umwelt (1992b): Erlaß des Ministers für Umwelt betreffend die Umsetzung der Richtlinie 90/313/EWG des Rates vom 07. Juni 1990 über den freien Zugang zu Informationen über die Umwelt. Saarbrücken.

Schmidt, F. & Wittmann, O. (1981): K-Faktoren und Toleranzgrenzen verbreiteter Böden Bayerns. In: SCHWERTMANN, U.: Die Vorausschätzung des Bodenabtrags durch Wasser in Bayern. Bayer. StMLU.

Vinken, R. (1992): Inhalt und Struktur eines Bodeninformationssystems. In: Zeitschrift für Angewandte Umweltforschung, Jg. 5, H.1, S. 36-65.

GIS in der Lehre: Baulandpotentialmodell Landau/Offenbach/ Bornheim

Thomas Schmidt, Andrea Licht

1. GIS-Ausbildung an der Universität Kaiserslautern

An der Universität Kaiserslautern erwerben die Studierenden im Studiengang Raum- und Umweltplanung (RU) während der Übungen zum Fach "Computergestützte Informationsverarbeitungs- und Entwurfssysteme für die Raum- und Umweltplanung" Grundkenntnisse über Computer Aided Design (CAD) und Geographische Informationssysteme (GIS). Dabei soll anhand kleinerer Übungen ein Überblick über alle wichtigen Verarbeitungsschritte von der Datenaufnahme und -aufbereitung, der Analyse sowie der Darstellung der Ergebnisse gegeben werden. Darüber hinaus werden die Möglichkeiten des Programmierens mit Hilfe benutzerorientierter Makrosprachen vermittelt. Die Kenntnisse können mit der praktischen Anwendung von GIS in einem der in der Diplomprüfungsordnung vorgeschriebenen sog. Großen Entwürfe bzw. Stegreif-Entwürfe in den Fächern Stadtplanung, Ländliche Ortsentwicklungs- und Erneuerungsplanung sowie Regional- und Landesplanung vertieft werden. Softwareseitig stehen neben den CAD-Systemen insgesamt zwölf Lizenzen eines vektororientierten sowie eine Lizenz eines rasterorientierten GIS auf PC- bzw. Workstation-Plattformen zur Verfügung. Betreut werden die Studenten durch das Lehr- und Forschungsgebiet "Computergestütztes Entwerfen und Konstruieren in Raumplanung und Architektur" (Prof. Dr. STREICH).

Insbesondere Fragen aus dem Gebiet der Regional- und Landesplanung eignen sich grundsätzlich für eine Bearbeitung mit Hilfe eines GIS. Schwierigkeiten ergeben sich jedoch hinsichtlich der Komplexität bei der Umsetzung eines planungsmethodischen Ablaufes sowie bei den verfügbaren Grundlagendaten. Das hier vorgestellte Beispiel behandelt Aspekte des Großen Entwurfes "Entwicklung und Durchführung eines Baulandpotentialmodells für den Bereich Landau/Offenbach/Bornheim", der von einer Gruppe von vier Studentinnen mit einem GIS bearbeitet wurde.

Raumbezogene Informationssysteme in der Anwendung
hrsg. im Auftrag des Deutschen Verbandes für Angewandte Geographie von Peter Moll
in Material zur Angewandten Geographie (MAG), Band 23, Bonn 1995

2. Das Baulandpotentialmodell für den Bereich Landau/Offenbach/ Bornheim

Ziel der Arbeit war die Entwicklung eines Bewertungsmodells für den Untersuchungsraum Landau/Offenbach/Bornheim, welches das Bauflächenpotential sowohl für Wohnen als auch für Gewerbe ermittelt.

Mit Hilfe von Baulandpotentialmodellen wird im Rahmen der vorbereitenden Flächennutzungsplanung der für die künftige Siedlungsentwicklung verfügbare Flächenbestand unter Berücksichtigung restriktiver fach- und regionalplanerischer Aussagen ermittelt. Die methodischen Grundlagen hierzu wurden für Wohnbaulandausweisungen im sog. Suttgarter Modell[1] sowie für Gewerbeflächen im March-Umkircher Modell[2] erarbeitet.

Das hier vorgestellte Modell, dessen Ablauf der Abbildung 1 zu entnehmen ist, entwickelt die genannten Ansätze durch Integration von Wohnbauland- und Gewerbeflächen weiter.

Der Ablauf gliedert sich in drei Hauptphasen:

Phase 1: Absolute Restriktionen

Berücksichtigt werden Flächen, die von einer Bebauung unbedingt freizuhalten sind und daher nicht für zukünftige Siedlungsausweisungen in Betracht kommen. Dies sind neben den bereits für Siedlungszwecke in Anspruch genommenen Flächen auch Gebiete, die durch fachplanerische Festsetzungen oder durch regionalplanerische Ausweisungen bzw. Zielsetzungen mit restriktivem Charakter belegt sind. Die aufgeführten Restriktionen sind speziell für den Untersuchungsraum Landau/Offenbach/Bornheim zusammengestellt. Bei der Anwendung des Modells auf andere Gebiete ist die Auswahl der Kriterien entsprechend anzupassen.

Am Ende der ersten Phase werden Flächen ausgeschlossen, die aufgrund ihrer Lage (z.B. umgeben von restriktiven Flächen) in Verbindung mit einer zu geringen Größe oder einem ungünstigen Zuschnitt für eine städtebauliche Entwicklung nicht mehr in Frage kommen. Das verbleibende Gebiet wird als Flächenpotential bezeichnet.

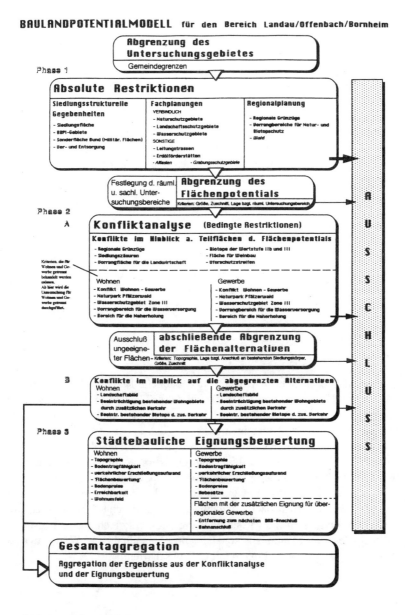

Abb 1:   Schaubild des Modells

Phase 2: Konfliktanalyse

Für das Flächenpotential wird eine *Konfliktanalyse* durchgeführt. Sie wird in zwei Schritte (Teil A und Teil B) eingeteilt. Im Teil A werden Konfliktpotentiale für Wohnen und Gewerbe im gesamten Flächenpotential ermittelt. Im Anschluß daran werden Flächen ausgeschieden, die aufgrund einer Häufung von Einzelkonflikten oder ihrer topographischen Situation für eine Bebauung nicht in Frage kommen. Die verbleibenden Teilflächen werden zu *Flächenalternativen* abgegrenzt, um in einem weiteren Schritt Kriterien wie z.b. das Landschaftsbild berücksichtigen zu können, die nur auf Grundlage einzelner Alternativen beurteilt werden können.

Phase 3: Städtebauliche Eignungsbewertung

Berücksichtigt werden Kriterien zur Bestimmung der Standortgunst für die jeweilige Nutzung (Wohnen oder Gewerbe), wobei für das Gewerbe zusätzlich die Eignung der Flächenalternativen für eine Ansiedlung von überregionalem bzw. innerregionalem Gewerbe geprüft wird.

Gesamtaggregation:

In einem letzten Schritt wird die städtebauliche Eignung der Bewertungsflächen mit dem Gesamtkonfliktpotential dieser Flächen aggregiert, wobei an deren Ende jeweils Ranglisten in Bezug auf die Eignung der untersuchten Flächen für die beiden Nutzungen stehen.

In einem weitereren Schwerpunkt der Studienarbeit wurde anhand der vertieften Bearbeitung der Ermittlung von immissionsbedingten Abstandszonen sowie der Überprüfung der Bewertungsmethodik durch eine Sensitivitätsanalyse die Frage untersucht, inwieweit sich durch automatisierte Analysefunktionen Bewertungen in nachvollziehbarer Weise durchgeführt werden können. Diese Frage steht im Zusammenhang mit den Forschungsinteressen des Lehrgebietes, für Planungspersonal leicht zu handhabende Werkzeuge zur Behandlung planerischer Fragen mit GIS zu schaffen.

3. Entwicklung eines Werkzeuges zur Automatisierung von Analysefunktionen

Mit Hilfe eines Geographischen Informationssystems können Flächen differenziert bewertet werden, da die Behandlung komplexer Wirkungsgefüge mit Hilfe eines Geographischen Informationssystems erleichtert wird. Das GIS übernimmt die Haltung der Grundlagendaten, der Analyseergebnisse sowie deren Visualisierung. Für die Stellung der Analysefunktion im Verhältnis zum GIS sind folgende Modelle denkbar:

a) Integration: Anwendung von Makrosprachen, welche von den meisten Programmprodukten angeboten werden. Dieses Verfahren wurde in der vorliegenden Arbeit gewählt.

b) Externe Lösung: Datenübernahme aus einem eigenständigen Programm in Dateiform bzw. dynamischer Datenaustausch zur Laufzeit von GIS und Analyseprogramm. Ein Beispiel hierfür ist das System SAFRaN[3] zur Ermittlung von Gefährdungspotentialen für Böden und Grundwasser.

Im Fall des Baulandpotentialmodells Landau/Offenbach/Bornheim wurde mit Hilfe der benutzerorientierten Programmiersprache des Systems die Durchführung einer Sensitivitätsanalyse ermöglicht.

Mit Hilfe einer solchen Analyse kann die Auswirkung einer Variation relevanter Bewertungsfaktoren auf das Gesamtergebnis eingeschätzt werden, indem der Planungsablauf mit geänderten Faktoren mehrmals durchlaufen wird. Dies ist sinnvoll, da je nach Wahl der Kriterien, deren Gewichtung, Konfliktträchtigkeit oder Art der Aggregation das Ergebnis u.U. stark variieren kann.

Die Durchführung einer Sensitivitätsanalyse wurde im vorliegenden Projekt durch die Berücksichtigung der Windverhältnisse im Konflikt mit der Immissionsbeeinträchtigung von Wohngebieten durch Gewerbebetriebe notwendig. Dieses Kriterium setzt sich aus der "Hauptwindrichtung" und den "Schutzabständen um bestehende Wohngebiete" zusammen. Dabei sind letztere durch den Abstandserlaß Nordrhein-Westfalen[4] begründet und als methodisch weniger problematisch anzusehen. Dagegen bedarf die angewandte Vorgehensweise zur Bewertung der Windeinflußbereiche aufgrund fehlender detaillierter Grundlagendaten der Überprüfung. Hierzu wurde ein Makro entwickelt, das die Beeinflussung des Kriteriums "Immissionsbelastung bestehender Wohngebiete" auf das Gesamtergebnis ermittelt. Bei manueller Bearbeitung wäre aufgrund des inakzeptablen Arbeitsaufwandes die Durchführung einer Sensitivitätsanalyse nicht möglich.

Zusätzlich bietet das Makro-Programm die Möglichkeit, durch Simulation von Wohnnutzung die gegenseitige Beeinträchtigung alternativer Wohn- und

Gewerbestandorte zu bewerten. Bisher wurde in manuell bearbeiteten integrierten Baulandpotentialmodellen auf die Berücksichtigung dieser Wechselwirkungen verzichtet.

Das Beispiel "Landau/Offenbach/Bornheim" zeigt, daß durch benutzer-
freundliche Ausgestaltung rechnergestützter Bewertungsmodelle auch Anwender ohne GIS-Kenntnisse Modelläufe mit veränderten Eingangsdaten
durchführen können, was in der Planungspraxis zur erheblichen Arbeitserleichterung beiträgt.

4. Eignung von GIS für Aufgabenstellungen der räumlichen Planung

Die im bearbeiteten Projekt gemachten Erfahrungen sollen die in der Literatur oftmals unkritisch dargestellten Vorteile von GIS relativieren. Im wesentlichen können dabei folgende Aspekte genannt werden:

Verknüpfung des graphischen Datenbestandes mit einer Datenbank

Das verwendete System erlaubt die Verwaltung von umfangreichen thematischen Daten zu allen geometrischen Elementen. Durch Analysen, wie
z.B. Flächenverschneidungen, können neue Aussagen gewonnen werden, da
die Merkmale der Eingangsflächen in die Ergebniskarte übernommen werden.

Maßstabsfreiheit sowohl der Datenaufnahme als auch ihrer Ausgabe

Ein einheitlicher Raumbezug ist durch das Gauß-Krüger-Koordinatensystem gegeben. Allerdings ist die Zusammenführung von analogen Karten
sehr unterschiedlicher Maßstäbe aufgrund der hohen Generalisierung kleinmaßstäblicher Karten problematisch.

Bereitstellung und Bearbeitung großer Datenmengen

Die in der Literatur hervorgehobene erleichterte Bereitstellung und Bearbeitung von Daten übersieht den hohen Zeitaufwand, den das Digitalisieren
analoger Karten erfordert. Das Scannen von Karten, d.h. das automatisierte
Überführen analoger Karteninhalte in digitale Information, kann beim gegenwärtigen Entwicklungsstand der Programmsysteme das manuelle Digitalisieren noch nicht vollständig ersetzen. Informationen verschiedener Themen, die sich in der Realität räumlich überlagern, werden bei der analogen

Erfassung in der Regel in einem einzigen Kartenblatt aufgenommen. Die bei der digitalen Erfassung notwendige Differenzierung in einzelne thematische Karten kann der Scanner nicht leisten. Ferner kann es bei schlechter Qualität der Vorlage zu Fehlinterpretationen kommen.

Bereits vorhandene digitale Informationen müssen thematisch und geometrisch tief gegliedert vorliegen, um universell einsetzbar zu sein.

Nachvollziehbarkeit der Methodik durch genauere Dokumentation

Bei manueller Durchführung von Planungsmethoden erfolgt die Bewertung schwer operationalisierbarer Kriterien teilweise ohne gesonderte Ablaufplanung.

Der Computereinsatz läßt eine solche Vorgehensweise nicht zu, sondern zwingt den Bearbeiter zu einer strukturierten Vorgehensweise, in der jeder Punkt Schritt für Schritt vorher durchdacht werden muß.

Dieser Zwang zur Strukturierung beeinflußt auch die manuell durchgeführten Arbeitsschritte, da zunächst Überlegungen angestellt werden, ob und wie die Aufgabe rechnergestützt bearbeitet werden kann. Die Folge solcher Ablaufplanungen ist eine genauere Dokumentation der Methodik und damit ihre bessere Nachvollziehbarkeit für Dritte.

Unterschiedlicher Arbeitsaufwand für Vektor- und Rastersysteme

Wichtig ist bei den dargestellten Aspekten allerdings eine überlegte Systemwahl für spezielle Aufgabenbereiche, da sich je nach Konzept des GIS unterschiedliche Vor- bzw. Nachteile ergeben.

Mit den aus dem Projekt gewonnenen Erfahrungen läßt sich feststellen, daß den Anforderungen einer Baulandpotentialermittlung rasterdatenverarbeitende Systeme eher gerecht werden. Ziel von Baulandbewertungsmodellen ist die Schaffung eines Überblicks über die für eine Bebauung zur Verfügung stehenden Flächen, wobei die exakte Lagebestimmung eine untergeordnete Rolle spielt.

Vektorielle Systeme bieten zwar gegenüber rasterdatenverarbeitenden Systemen eine hohe metrische Präzision, doch ergeben sich hier eine Reihe von Einschränkungen:
- Die Überlagerung mehrerer thematischer Karten in einem Schritt ist nicht möglich.

Karten können immer nur paarweise verknüpft werden, so daß die Verschneidung mehrerer Themen in Einzelschritten mit Hilfe von Zwischenkarten erfolgen muß.

- Die Schaffung mehrerer Pufferzonen ist nicht in einem Arbeitsgang möglich.
  Das verwendete System bietet die Möglichkeit, um ausgewählte Elemente herum Pufferflächen zu erzeugen. Allerdings wird bei der erzeugten Fläche nicht in Ausgangsfläche und eigentlicher Abstandszone unterschieden. Im vorliegenden Fall war es deshalb nicht möglich, um ein·Wohngebiet mehrere Immissionsschutzabstände unterschiedlicher Breite in einem Arbeitsgang zu erzeugen. Eine weitere Schwierigkeit ergab sich aus der Verschmelzung der Abstandsflächen benachbarter Wohngebiete, so daß in der Ergebniskarte die einzelnen Abstandsflächen nicht mehr den jeweiligen Wohngebieten zugeordnet werden konnten. Bei den im Plangebiet vorhandenen 105 Wohngebieten wären z.B. durch dieses Problem insgesamt 630 Abstandszonenermittlungen und 629 Kartenverschneidungen erforderlich geworden, ein Aufwand, der auch bei Rechnerunterstützung zu groß ist.

  Um dennoch die erforderlichen Informationen zu erhalten, wurden vereinfachend nur noch für die Gesamtheit der Wohngebiete jeder einzelnen Gemeinde Abstände ermittelt. Bei der Verwendung eines Rastersystems wären dagegen bei der Überlagerung der einzelnen thematischen Karten die zeitintensive Schnittpunktberechnungen entfallen.

5. Grenzen der Anwendung von GIS in der Planung

Die Automatisierung von Planungsschritten stößt dort auf Grenzen, wo Kriterien nicht oder nur unter erheblichem Aufwand operationalisiert werden können.

Im vorliegenden Projekt mußten zwei Schritte manuell durchgeführt werden:
- Ausschluß von Flächen aufgrund Größe/Lage/Zuschnitt,
- Abgrenzung der einzelnen Flächenalternativen.

In beiden Fällen scheiterte die rechnergestützte Bearbeitung an dem Problem, daß z.B. "Größe" wie "Zuschnitt" nicht konkret definiert werden können.

Abschließend läßt sich festhalten, daß grundsätzlich mit der Anwendung eines Geographischen Informationssystems qualitativ hochwertigere Planung und Arbeitserleichterung verbunden ist. Der Einsatz bedarf jedoch einer sorgfältigen Vorbereitung, die Überlegungen zum Anwendungsbereich, der erforderlichen Funktionen, der zu erzielenden Lagegenauigkeit und der eventuell schon digital vorliegenden Informationen einschließlich ihrer Verwendbarkeit umfassen muß.

Anmerkungen

[1] KISTENMACHER, H. et al (1988): Ermittlung des Wohnbaulandpotentials in Verdichtungsräumen unter besonderer Berücksichtigung der Umweltverträglichkeit, untersucht und dargestellt am Beispiel des Verdichtungsraumes Stuttgart, Bonn (Heft 461 der Schriftenreihe "Forschung" des Bundesministers für Raumordnung, Bauwesen und Städtebau).

[2] KISTENMACHER, H.; EBERLE, D.; WEIDENFELLER, C.: Informations- und Bewertungsinstrument zur Alternativenbewertung bei der Wohnbaulandausweisung - March-Umkircher Modell, in: Werkstattbericht Nr. 9, Hrsg.: Kistenmacher, Hans, Univ. Kaiserslautern o.J.

[3] BURDE, M., DIECKMANN, R., JÄCKEL, Th., HEMKER, H. (1992): The Expert System Tool SAFRaN and its use to estimate the contaminent loads of groundwater and soils caused by deposition of air pollutants; Proceedings ISEM Univ. Kiel.

[4] Minister für Umwelt, Raumordnung und Landwirtschaft Nordrhein-Westfalen (1990): Abstände zwischen Industrie- bzw. Gewerbebetrieben und Wohngebieten im Rahmen der Bauleitplanung (Abstandserlaß Nordrhein-Westfalen).

Zusammenfassung und Versuch einer Synthese

Bruno Aust

Leistungsvermögen der GIS

Geographische Informationssysteme (GIS) können in unterschiedlichen Aufgabenbereichen eingesetzt werden. Charakteristisch sind raumbezogene Arbeiten und Analysen, die in Verbindung mit einer relationalen Datenbank Kartogramme und Karten herstellen. Der Einsatz von GIS ermöglicht zahlreiche Ergebnisse, die mit herkömmlichen Arbeitstechniken mit vertretbaren Arbeits- und Zeitaufwendungen nicht zu erzielen wären. Besonders bei immer wiederkehrenden Routine-Auswertungen mit gleichbleibenden Dateistrukturen und nur begrenzten Änderungen der topographischen Grundlage wird der GIS-Einsatz sinnvoll. In diesem Zusammenhang sind insbesondere raumbezogene Arbeiten und thematische Karten zu nennen, die einer regelmäßigen Fortschreibung unterliegen.

Die GIS bieten auch technische Vorteile, wie das Arbeiten auf einer blattschnittfreien Kartengrundlage, oder die schnelle Variation bei dem Einsatz graphischer Darstellungsmittel, wie z.B. Strichstärke, Raster oder Farbe. Das Erstellen von Flächenbilanzen, z.B. bei einem Flächennutzungsplan, wird durch den GIS-Einsatz erheblich vereinfacht. Hervorzuheben ist vor allem die Möglichkeit der kombinierten Auswertung von sach- und raumbezogenen Daten sowohl horizontal als auch vertikal sowie in ihrem räumlichen Bezug.

Die Verschneidung einer thematischen Karte mit anderen sowie den dazugehörigen Dateien wird möglich, so z.B. - bei entsprechender DV-Aufbereitung - eine Verschneidung des Flächennutzungsplans mit dem Altlastenkataster, der Biotopkartierung oder der Gewerbeflächenerhebung. Durch die Möglichkeiten der Kombination und des Verschneidens können GIS das Erstellen komplexer räumlicher Planungen erleichtern.

Die GIS ermöglichen die Variation der Gewichtungen einzelner Bewertungsfaktoren. Die Auswirkung der unterschiedlichen Gewichtungen auf das Gesamtergebnis können ohne größeren Arbeitsaufwand getestet werden. Ein Vergleich dieser Ergebnisse läßt Rückschlüsse auf eine sinnvolle Gewichtung eines Bewertungsfaktors zu. Dies kann insbesondere bei komplexen räumlichen Planungen sehr hilfreich sein, da dort i.d.R. stets Faktoren zu beachten sind, deren Quantifizierung nicht eindeutig vorgenommen werden kann.

Raumbezogene Informationssysteme in der Anwendung
hrsg. im Auftrag des Deutschen Verbandes für Angewandte Geographie von Peter Moll
in Material zur Angewandten Geographie (MAG), Band 23, Bonn 1995   109

Übersicht über vorgestellte Systeme und Anwendungsbeispiele

- Mit dem kartographischen Programmsystem **GRIPS PLUS** wurde von der Fa. Kohns und Poppenhäger der Flächennutzungsplan digital für den Stadtverband Saarbrücken in dessen Auftrag erstellt. Beim Stadtverband kommen ein Siemens-Zentral-Rechner und eine Unix-Workstation zum Einsatz, als Datenbank stehen ORACLE und INFORMIX zur Verfügung.

- Das Geographische Informationssystem **ARC/INFO** kam beim Bodeninformationssystem des Geologischen Landesamtes zum Einsatz (SaarBIS). Es wurde auf einer UNIX-Workstation eingesetzt; als relationale Datenbank diente ORACLE. Die Fachinformationssysteme (FIS) werden von den für den jeweiligen Bereich (z.B. Geologie, Bodenkunde) zuständigen Fachbehörden aufgebaut und geführt.

- Die Version **pc-ARC/INFO** kam auf 386er und 486er PCs mit umfangreicher Festplattenausstattung an der Universität Kaiserlautern zum Einsatz. Die in der dortigen Diplomprüfungsordnung vorgeschriebenen "Großen Entwürfe" befassen sich mit Beispielen aus der Stadt- und Ortsplanung sowie der Regional- und Landesplanung.

- Bereits 1983 entschloß sich Saar Ferngas, das manuell geführte Informationssystem über das Leitungsnetz auf ein digitales umzustellen. Die Entscheidung fiel zugunsten des Systems GINIS der Fa. SysScan mit dem Betriebssystem VMS. Die Datenerfassung erfolgte mit CAD-Systemen der Firmen Contraves und Siemens. Für die Übergabe an SysScan wurden spezielle Schnittstellen entwickelt.

- Für die Städte Neunkirchen und Völklingen hat die VDS GmbH (Gesellschaft für Vermessung, Digitalisierung und Softwareentwicklung mBH) Kanalkataster erstellt. In beiden Fällen wurden **SICAD** sowie das von Siemens entwickelte Kanalinformationssystem **SICAD-KANAL** verwendet. Eingesetzt wurde ein Großrechner mit Arbeitsstationen. Als Betriebssystem diente beim Großrechner das BS2000 und bei den Arbeitsstationen SINIX. Als relationale Datenbank fungierte das von Siemens entwickelte RDBMS *(Relationale Datenbank Management System)*. Schnittstellen zu anderen Systemen wurden entwickelt. Die VDS hat GC-KANAL (läuft auf PC-Basis) als System für Kommunen entwickelt, die die Anschaffung von SICAD-KANAL nicht vertreten können oder sich noch nicht für ein großes Graphik-System entscheiden möchten.

- Für die Führung des Raumordnungskatasters von Rheinland-Pfalz wird **ATLAS*GIS** mit dBase als integrierter Datenbankverwaltung eingesetzt. Dieses System ist auf IBM-kompatiblen PCs lauffähig. Nach dem 1986 gefaßten Beschluß, das Raumordnungskataster umzustellen, konnte man nach einer Einarbeitungszeit 1988 mit den Arbeiten beginnen. Bei der Digitalisierung kam das graphische System MINIKAT zum Einsatz, später wurden die Daten über eine speziell entwickelte Schnittstelle in das ATLAS*GIS übernommen.

- Die Realisierung eines Auftrages des KABV Saar, Standortfragen in der Abfallwirtschaft zu analysieren (Ried), zeigt, wie schon in der vorangegangenen Diplomarbeit zu einem ähnlichen Thema, den erfolgreichen Einsatz sehr preiswerter Software. Als kartographische Software wurde **ATLAS*Graphics**, als Digitalisierungsprogramm **CARTIER**, zur Umwandlung vom Vektor- auf Rasterformat IDRISI und als rasterbasiertes GIS GRASS verwandt.

Bei den Systemen soll auch auf **AutoCAD** hingewiesen werden, das vor allem zusammen mit der speziell für die Kartenherstellung entwickelten Zusatzsoftware **GeoMap** in diesem Zusammenhang eine Erwähnung wert ist, obwohl es sich in dieser Form noch nicht um ein GIS handelt. Schnittstellen zu Datenbanken wie dBASE, INFORMIX oder ORACLE sind entwickelt worden.

Denkbare weitere Anwendungsbeispiele sind andere hier nicht erwähnte räumliche Pläne, z.B. Bebauungspläne, Regionalpläne, Landesentwicklungspläne, Pläne der Fachverwaltungen (für Bahnen, Straßen, Versorgungsleitungen, ÖPNV oder andere) sowie thematische Karten allgemeiner oder fachspezifischer Art.

Bei den hier aufgeführten Anwendern sind Behörden, Büros und ein Leitungsunternehmen sowie die Universität Kaiserslautern vertreten. Die Büros/DV-Firmen stellen durchweg Arbeiten vor, die sie im Auftrag von Behörden oder Kommunalverwaltungen anfertigen. Die Leitungsunternehmen und -verwaltungen sind durch Saar Ferngas repräsentiert. Nicht vertreten sind andere Anwender (Kommunen, Saarberg, Saartal-Linien) oder Wirtschaftsunternehmen wie z.B. ein Verlag.

Grenzen und Probleme bei der Nutzung von GIS

Die Erwartungshaltungen gegenüber den GIS gehen bei verschiedenen Gruppen von sehr unterschiedlichen Voraussetzungen aus, sind aber gleichermaßen als hoch einzuschätzen. Der Software-Anbieter wird stets die Leistungen seines Systems vorstellen und überzeugt sein, daß der finanzielle Einsatz sich mittelfristig, wenn nicht gar kurzfristig rechnet. Der Ingenieur und der Techniker hält von seiner Erfahrung und seinem Selbstverständnis her den Apparat für vollkommener, schneller und irrtumsfreier als den Menschen. Die Mitarbeiter in den Planungsbüros sind gewohnt, flexibel zu reagieren und sind überzeugt, alles schneller und einfacher erledigen zu können als ihr Auftraggeber. Potentielle Nutzer ohne größere EDV-Vorkenntnisse z.B. in einer Verwaltungsstelle halten i.d.R. die GIS für neu und schwierig, glauben aber andererseits, daß die GIS alles leisten können, daß die "Karte auf Knopfdruck" möglich sei und daß es letztlich nur auf die bereitzustellenden Mittel ankäme. Allgemein wird vermutet, daß mit EDV erarbeitete Ergebnisse stimmen müssen.

Bonmots wie "GIS ist die Antwort; wie bitte war die Frage?" oder "Informationssysteme, aber keine Information" sind übertriebener Insider-Kritik zuzurechnen, weisen aber auf noch vorhandene Probleme hin.

Zunächst sei auf einige **allgemeine Probleme** eingegangen.

Der Faktor personelle Infrastruktur (*"man-power"*, *"brain-ware"*) ist von sehr großer Bedeutung. Der allgemeine Rahmen wird durch Art, Größe und Struktur der Arbeitsstelle bestimmt. Die berufliche Flexibilität ist nicht bei allen Mitarbeitern gleich stark ausgeprägt, die Fähigkeit und die Bereitschaft, etwas neu zu lernen, ebenfalls. Hinzu kommt eine Doppelbelastung, denn die notwendige Einarbeitungszeit erfolgt i.d.R. parallel zu den laufenden Aufgaben. Nicht selten ist es so, daß die Mitarbeiter, die neue Dinge in Angriff nehmen könnten, vollauf beschäftigt sind. Eng mit der personellen Infrastruktur hängen kommunikative Probleme zusammen. Die Sprache der Informatiker und Techniker ist anders als die der Nutzer. Hinzu kommt, daß technische Abläufe logisch strukturiert sind, die fachlichen und sachlichen dagegen aufgaben- oder problembezogen.

Genaue Beachtung verdienen die Zeitaufwendungen für Installation und Einarbeitung bei einem neuen System und die sehr aufwendigen Umarbeitungen des bestehenden Datenmaterials. Die Zeitaufwendungen für diese Vorarbeiten heben nicht selten die Zeitersparnis bei der inhaltlichen Bearbeitung auf oder können diese übertreffen. Der Aufwand für das neue System wird erst bei längerem Einsatz rentabel. Allgemein gilt, daß der Zeit- und Finanzaufwand bis zur Arbeitsfähigkeit eines neuen Systems erheblich höher ist als anfangs angenommen.

Die DV-gestützte Bearbeitung von Daten erfordert eine erhebliche Sorgfalt bei der Eingabe. Die hohe Genauigkeit ist bei allen Vorgängen erforderlich, kleine Fehler blockieren u.U. die gesamte Auswertung. Der Zwang zur genauen Eingabe hat auch Auswirkungen auf die Primärdatenerhebungen, sie müssen strukturiert und normiert sein. Dieser Effekt ist sicher positiv zu werten; nachteilig kann sich auswirken, daß schwer zu strukturierende Erhebungen unterbleiben.

Speicherkapazität und Auswertemöglichkeiten im EDV-Bereich verleiten zur Anhäufung immer größerer Datenmengen. Der Arbeitsaufwand des qualifizierten Auswählens unterbleibt.

Die Programme werden stets weiterentwickelt. Neue Versionen erscheinen auf dem Markt, bevor die gegenwärtigen vom Anwender komplett beherrscht werden. Die Programme werden immer umfangreicher, sie decken immer mehr Anwendungsbereiche ab, der Finanzaufwand für Software steigt, sie benötigt immer umfangreichere Speicherkapazität. Die Handhabung wird komplexer, aber nicht unbedingt schwieriger; Fenster, Pull-down-Menüs und Dialogsteuerung gestalten die Anwendung nutzerfreundlich. Auftretende Störungen zu beseitigen, wird zunehmend schwieriger. Deshalb ist es von Vorteil, wenn die Wartung von Hardware und Software in einer Hand liegen. Mit der schnellen Entwicklung im EDV-Bereich gehen die Kompatibilitätsprobleme einher, da selbst bei fachlich oder räumlich benachbarten Stellen durch die Installation auch nur teilweise unterschiedlicher Soft- und Hardware Friktionen auftreten können.

Zu diesen allgemeinen Aspekten sind einige **spezielle Grenzen und Probleme** bei der Nutzung von GIS anzumerken.

Digitale topographische Grundlagen, die inhaltlich den amtlichen Karten wie der Deutschen Grundkarte im Maßstab 1 : 5.000 oder der Topographischen Karte im Maßstab 1 : 25.000 entsprechen, sind noch nicht verfügbar. Sehr häufig dienen Blockgrenzenkarten als Basis für Kartogramme. Die Technik, eine fertige Topographie gescant dem Thema zu unterlegen, ist in der Mehrzahl der Fälle mit erheblichen Qualitätsverlusten behaftet. Gute Ergebnisse sind bisher bei Kartogrammen mit größeren Bezugsflächen in kleineren Maßstäben bei stark reduzierter Topographie zu verzeichnen.

Maßstabsunabhängiges Arbeiten wird vielfach als Vorzug hervorgehoben, ist aber nur sehr begrenzt möglich. Bei Maßstabsveränderungen finden nur Vergrößerungen bzw. Verkleinerungen statt; kartographisch vertretbar ist bei diesen Vorgängen maximal der Faktor Zwei. Darüber hinaus werden Generalisierungen notwendig (kleinerer Maßstab), oder Generalisierungen sind durch eine detailliertere Darstellung zu ersetzen (größerer Maßstab). Da eine Karte immer nur in einem sachadäquaten Maßstab aufgenommen werden kann, sind damit auch die Möglichkeiten der Kartenverschneidung stärker eingeschränkt als allgemein angegeben.

Die Planungsabläufe sind sehr komplex, die benötigten Grundplanungsdaten nicht alle und auch nicht immer vollständig verfügbar. Das stellt die Auswertung vor deutliche Probleme. Zudem sind die räumlichen Bezüge der Dateien oft sehr unterschiedlich. Dies zeigen Vergleiche zwischen verschiedenen datenerhebenden Stellen. Ein Datenaustausch wird durch diesen Umstand erheblich erschwert oder unmöglich gemacht. Die Abstimmung der Dateistrukturen, insbesondere in vertikaler Richtung, also über unterschiedliche Themen hinweg, ist oft lückenhaft oder nicht erfolgt. Die möglichen Auswertungen werden dadurch schwierig oder sind bisher nicht zu leisten.

Gesichtspunkte für die Auswahl eines bestimmten GIS

Wichtigste Voraussetzung für die Auswahl eines bestimmten GIS ist die Formulierung der Bedürfnisse des Anwenders. Ebenso wie man beim Kauf eines Bücherregals die Anzahl und die Formate der einzustellenden Bücher, die beabsichtigte Gliederung nach Sachgebieten, die Räumlichkeiten für die Unterbringung des Regals, die vorhandenen Regalsysteme und die zur Verfügung stehenden Finanzmittel berücksichtigt, sind die relevanten Kriterien für ein GIS zu überprüfen.

Am Anfang wird die Frage nach den zu bearbeitenden **Daten** stehen. Welcher Art sind die Sachdaten, welche räumlichen Bezüge haben sie (Fläche, Linie, Punkt), welche Auswerteverfahren werden angestrebt, welche Rechenoperationen werden notwendig, welche Daten oder Verfahren kommen häufig vor, was ist seltener und kann gegebenenfalls außerhalb bearbeitet werden?

Ein Konzept über die **Maßstäbe** der beabsichtigten Karten ist zu erstellen, da diese nicht beliebig zu vergrößern oder zu verkleinern sind. Damit verbunden ist eine Analyse vorhandener und nutzbarer Kartenunterlagen.

Eine Überprüfung des **modularen Aufbaus** eines GIS sollte erfolgen. Sind andere Kombinationen möglich, kann das System den speziellen Bedürfnissen angepaßt und neuen Zielsetzungen gerecht werden? Ist das System Hardware-unabhängig?

Ebenso ist das **technische Umfeld** zu betrachten. Welche Hard- und Software ist in Nachbarinstitutionen vorhanden, können sie mitgenutzt werden? Welcher Service ermöglicht eine Hotline?

Von Bedeutung ist auch das **fachliche Umfeld**. Welche Inhalte werden von Nachbarinstitutionen bearbeitet, welche Methoden werden dort angewandt, was kann ausgetauscht werden? Sind die Datenschutzprobleme und die sonstigen Voraussetzungen für den Austausch und die Weitergabe von Daten geklärt?

Wesentlich ist auch die **Transparenz** zwischen Institutionen, die zusammenarbeiten wollen oder sollen. Dies betrifft die vorhandenen Daten und Datenquellen, die vorhandenen und geplanten Datenträger sowie die vorhandenen und geplanten Syteme.

Fazit

Der Einsatz von GIS stellt eine große Hilfe bei der Bewältigung raumbezogener Arbeiten dar. Die Arbeiten mit GIS werden noch lange Zeit parallel mit dem Einsatz traditioneller Techniken zu leisten sein (z.b. analoge und DV-gestützte Karten). Der Einsatz von GIS wird Lücken und auch sytematische Unebenheiten vorhandener Dateien aufdecken und gegebenenfalls neue Erhebungen notwendig werden lassen. Bei Fortschreibungen sollten die Zwischenstände dokumentiert werden, da Entwicklungen sonst nicht oder nur sehr schwer rekonstruiert werden können.

Bei raumbezogenen Arbeiten sind Konzepte und Ideen Grundlage einer jeden Arbeit. Eine sorgfältige Recherche ist unverzichtbar und durch keinen Rechenvorgang zu ersetzen. Für raumbezogene Arbeiten sind die GeoInformationsSysteme ein wichtiges Analyse- und Auswertungsinstrument.

Autorenverzeichnis

Dr. Bruno Aust
Universität des Saarlandes, Fachrichtung Geographie, 66041 Saarbrücken

Dipl.-Ing. Arno Brück
VDS GmbH, 66121 Saarbrücken

Dipl.-Ing. Kartographie (FH) Gerhard Bleich
Kohns & Poppenhäger GmbH, 66538 Neunkirchen

Dipl.-Ing. Jens Carstensen
Staatskanzlei Rheinland-Pfalz, Raumordnung und Landesplanung, 55028 Mainz

Dr. Dipl.-Agraring. Karl Dieter Fetzer
Landesamt für Umweltschutz, Geologie, 66119 Saarbrücken

Dipl.-Ing. (FH) Albert Lamprecht
Saar Ferngas AG, 66121 Saarbrücken

Dipl.-Ing. Andrea Licht
Universität Kaiserslautern, Computergestützte Informationsverarbeitungs- und
Entwurfssysteme für die Raum- und Umweltplanung, 67663 Kaiserslautern

Prof. Dr. Dipl.-Geogr. Peter Moll
Ministerium für Umwelt, Energie und Verkehr, Landesplanung, 66024 Saarbrücken

Dipl.-Geogr. Jürgen Ost
ICON Informationssysteme GmbH, 66111 Saarbrücken

Dipl.-Geogr. Werner-Matthias Ried
66130 Saarbrücken-Güdingen

Dipl.-Ing. Thomas Schmidt
Universität Kaiserslautern, Computergestützte Informationsverarbeitungs- und
Entwurfssysteme für die Raum- und Umweltplanung, 67663 Kaiserslautern

Dipl.-Geogr. Rolf Schwedhelm
Kohns & Poppenhäger GmbH, 66538 Neunkirchen

Raumbezogene Informationssysteme in der Anwendung
hrsg. im Auftrag des Deutschen Verbandes für Angewandte Geographie von Peter Moll
in Material zur Angewandten Geographie (MAG), Band 23, Bonn 1995   117

Ziel des DVAG ...

... ist die Interessenvertretung der Angewandten Geographie und somit all jener, die Geographie in der Praxis als querschnittsorientierte Anwendung und Umsetzung geographischer Erkenntnisse in Gesellschaft, Wirtschaft, Planung, Politik und Verwaltung begreifen.

Der DVAG vertritt die Interessen der Berufstätigen und Studierenden und engagiert sich dafür, die Leistungen der Angewandten Geographie als Anbieter praxisnaher Lösungsmöglichkeiten zur Vorbereitung und Umsetzung unternehmerischer und politischer Entscheidungen noch weiter in das Bewußtsein der Öffentlichkeit zu rücken.

Dadurch fördert der DVAG Bedeutung und Image der Geographie und somit der Geographinnen und Geographen.

Leistungen des DVAG ...

... sind Fachtagungen und Weiterbildungsveranstaltungen, die im Dialog mit Fachleuten und Interessenten anderer Disziplinen aktuelle Themen in Diskussionen, Vorträge und Workshops aufgreifen.

... sind in bestimmten Fachgebieten kontinuierlich tätige Facharbeitsgruppen (FAG), die Stellungnahmen erarbeiten und Fachtagungen organisieren. Die FAGs sind fachliche Anlaufstelle für Mitglieder und Interessenten.

... sind Regionale Arbeitsgruppen (RAG), die Ansprechpartner des DVAG vor Ort. In Studienfragen sind die RAGs in Kooperation mit den Geographischen Instituten Kontaktstelle für die Studierenden. Die RAGs führen in regelmäßigen Abständen Diskussionsveranstaltungen und Exkursionen durch.

... sind Publikationen, in denen Tagungs- und Diskussionsergebnisse dokumentiert werden. Nachrichten und Trends aus allen Bereichen der Angewandten Geographie erscheinen vierteljährlich im STANDORT – Zeitschrift für Angewandte Geographie.

ö DVAG

DEUTSCHER VERBAND FÜR
ANGEWANDTE GEOGRAPHIE

Mitglieder des DVAG ...

... nutzen das Netzwerk beruflicher Kontakte und Anregungen durch aktive und berufsfeldbezogene Mitarbeit in RAGs und FAGs.

... erhalten Service- und Beratungsleistungen in allen Fragen der Angewandten Geographie einschließlich Arbeitsmarkt, Studium und Praktikum.

... beziehen kostenlos den STANDORT – Zeitschrift für Angewandte Geographie und ermäßigt die Schriftenreihen Material zur Angewandten Geographie und Material zum Beruf der Geographen.

... nehmen vergünstigt an allen Veranstaltungen des DVAG-Tagungs- und Weiterbildungsprogramms teil einschließlich Geographentag und geotechnica.

... sind in allen Bereichen von Wirtschaft, Politik und Verwaltung, als Freiberufler, in Forschungsinstitutionen und Hochschulen, in Verbänden und Stiftungen tätig.

Der DVAG ...

... wurde 1950 von Walter Christaller, Paul Gauss und Emil Meynen als Verband Deutscher Berufsgeographen gegründet.

... ist Mitglied im Zentralverband der Deutschen Geographen e.V., in dem als Dachverband etwa 8.000 Mitglieder der geographischen Fachverbände und Gesellschaften Deutschlands vertreten sind.

**Deutscher Verband für
Angewandte Geographie e.V. (DVAG)**
Königstraße 68
53115 Bonn
☎ 0228 / 914 88 11
📠 0228 / 914 88 49

Veröffentlichungen des DVAG

Der Deutsche Verband für Angewandte Geographie (DVAG) dokumentiert regelmäßig die Ergebnisse seiner Tagungen in der Reihe "**Material zur Angewandten Geographie**" (MAG). In den letzten Jahren sind darin erschienen:

MAG 20 **Umweltplanung – Reparaturunternehmen oder ökologische Raumentwicklung?**
hrsg. 1991 im Auftrag des DVAG von Burghard Rauschelbach und Jan Jahns

MAG 21 **Die Vereinigten Staaten von Europa – Anspruch und Wirklichkeit**
hrsg. 1991 im Auftrag des DVAG von Arnulf Marquardt-Kuron, Thomas J. Mager und Juan-J. Carmona-Schneider

MAG 22 **Die Region Leipzig–Halle im Wandel – Chancen für die Zukunft**
hrsg. 1993 im Auftrag des DVAG von Juan-J. Carmona-Schneider und Petra Karrasch

MAG 23 **Raumbezogene Informationssysteme in der Anwendung**
hrsg. 1995 im Auftrag des DVAG von Peter Moll

MAG 24 **Umweltschonender Tourismus – Eine Entwicklungsalternative für den ländlichen Raum?**
hrsg. 1995 im Auftrag des DVAG von Peter Moll

MAG 25 **Umweltverträglichkeitsprüfung – Umweltqualitätsziele – Umweltstandards**
hrsg. 1994 im Auftrag des DVAG von Thomas J. Mager, Astrid Habener und Arnulf Marquardt-Kuron

MAG 26 **Angewandte Verkehrswissenschaften – Anwendung mit Konzept**
hrsg. 1995 im Auftrag des DVAG von Arnulf Marquardt-Kuron und Konrad Schliephake

MAG 27 **Regionale Leitbilder – Vermarktung oder Ressourcensicherung?**
hrsg. 1995 im Auftrag des DVAG von Burghard Rauschelbach

MAG 28 **Land unter – Bedeutungswandel und Entwicklungsperspektiven "Ländlicher Räume"**
hrsg. 1995 im Auftrag des DVAG von Frank Hömme

MAG 29 **Stadt- und Regionalmarketing – Irrweg oder Stein der Weisen?**
hrsg. 1995 im Auftrag des DVAG von Rolf Beyer und Irene Kuron

MAG 30 **Regionalisierte Entwicklungsstrategien**
hrsg. 1995 im Auftrag des DVAG von Achim Momm, Ralf Löckener, Rainer Danielzyk und Axel Priebs

MAG 31   UVP und UVS als Instrumente der Umweltvorsorge
hrsg. 1995 im Auftrag des DVAG von Werner Veltrup und
Arnulf Marquardt-Kuron

Die Veröffentlichungen können bezogen werden
- in jeder guten Buchhandlung,
- bei der Versandbuchhandlung für geowissenschaftliche Fachliteratur Sven von Loga, Postfach 940104, 51089 Köln, oder direkt
- beim Verlag Irene Kuron, Lessingstraße 38, 53113 Bonn.

STANDORT – Zeitschrift für Angewandte Geographie

Der STANDORT stellt aktuelle Fakten, Entwicklungen der Angewandten Geographie und verwandter Fachgebiete zur Diskussion.
Seit rund zwanzig Jahren zeigt er viermal jährlich übergreifend raumwirksame Trends auf, gibt Anregungen zur Umsetzung geographischer Fachkenntnisse und analysiert Entwicklungen des Arbeitsmarktes für Geographinnen und Geographen.
Zu beziehen ist der STANDORT beim Springer-Verlag, Postfach 311340, 10643 Berlin.
Für Mitglieder des DVAG ist der Bezug des STANDORT im Mitgliederbeitrag enthalten.

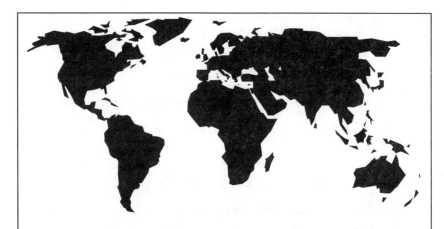

Geographen–Report

Ein Beruf im Spiegel der Presse

Arnulf Marquardt-Kuron / Thomas J. Mager (Hrsg.)

Verlag Irene Kuron
Bonn

Der Geographen-Report:

Ein Beruf im Spiegel der Presse

Der Geographen-Report gibt erstmals einen umfassenden Überblick über das Verhältnis von Geographen und Geographinnen zur schreibenden Presse bzw. deren Verhältnis zum Fach Geographie.

Ein Jahr lang wurde die deutsche Presselandschaft flächendeckend nach dem Begriff »Geographie« durchforstet. Von den rund 600 gefundenen Zeitungsausschnitten, die durch Archivmaterial ergänzt wurden, werden rund 80 ausgewählte Beispiele im Original wiedergegeben.

Das Ergebnis dieser ersten systematischen Zeitungsrecherche über das Bild der Geographie in Deutschland wird von namhaften Autoren analysiert und kommentiert.

Ergänzend dazu wird die Situation in Österreich und in der Schweiz behandelt.

Zum Schluß kommen die Autoren zu Vorschlägen für eine Image-Kampagne für die Geographie.

Von der geographischen Fachpresse wurde der Geographen-Report sehr positiv aufgenommen, wie die nebenstehend wiedergegebenen Rezensionen belegen.

Der Geographen-Report hat sich daher zum Standardwerk für all diejenigen entwickelt, die im Bereich der Öffentlichkeits- und Pressearbeit – nicht nur für die Geographie – tätig sind.

Geographen-Report – Ein Beruf im Spiegel der Presse
hrsg. von Arnulf Marquardt-Kuron und Thomas J. Mager
mit Beiträgen von Bruno Benthien, Richard Brunnengräber, Hans Elsasser, Arnulf Marquardt-Kuron, Thomas J. Mager, Wigand Ritter, Götz von Rohr, Hans Jörg Sander, Michael Sauberer, Konrad Schliephake, Volker Schmidtke, Günther Schönfelder
236 Seiten, Bonn 1993, Ladenpreis 34,– DM
Zu beziehen in jeder guten Buchhandlung oder direkt bei
Verlag Irene Kuron, Lessingstraße 38, 53113 Bonn

"Curiosa Geographica ist eine begrüßenswerte Sammlung zum Teil schon klassischer, ernster, humoristischer und satirischer Texte, eine Einladung zur Distanz, zum Lächeln und zu entspannendem Nachdenken über uns selbst – zur Steigerung wissenschaftlich-geographischer Bemühungen. Dieser entspannende und mit Lächeln vollzogene Abstand zum Gegenstand der größten wissenschaftlichen Liebe ist der pluralistischen Geographie mit ihren augenblicklich noch vergeblichen Consensus-Werbungen vonnöten, wie der verstopften Erde der ausbrechende Vulkan. Schmunzeln über uns selbst bringt uns weiter als methodologische Verbissenheit!" (Hanno Beck in seiner Einführung)

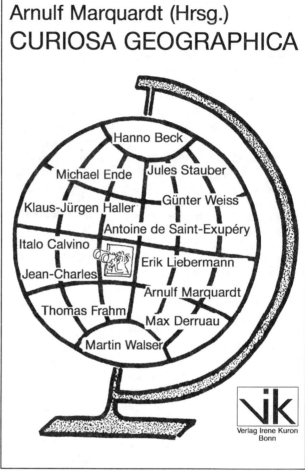

Arnulf Marquardt (Hrsg.)
CURIOSA GEOGRAPHICA

Hanno Beck
Michael Ende   Jules Stauber
Klaus-Jürgen Haller   Günter Weiss
Antoine de Saint-Exupéry
Italo Calvino
Erik Liebermann
Jean-Charles
Arnulf Marquardt
Thomas Frahm
Max Derruau
Martin Walser

vik
Verlag Irene Kuron
Bonn

"Wer sich über Geographie amüsieren möchte, wer geographische Entspannung sucht, dem sei dieses Büchlein empfohlen." (Ambros Brucker, Geolit 1/1988)

Curiosa Geographica
hrsg. von Arnulf Marquardt
mit Beiträgen von Hanno Beck, Italo Calvino, Jean-Charles, Max Derruau,
Michael Ende, Thomas Frahm, Klaus-Jürgen Haller, Erik Liebermann,
Arnulf Marquardt, Antoine de Saint-Exupéry, Jules Stauber, Martin Walser,
Günter Weiss
90 Seiten, Bonn 1987, Ladenpreis 12,80 DM
Zu beziehen in jeder guten Buchhandlung oder direkt bei
Verlag Irene Kuron, Lessingstraße 38, 53113 Bonn